COLLECTION ***

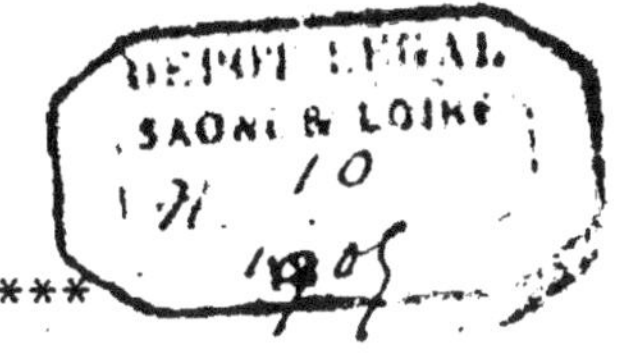

RÉVOLUTION A NOS JOURS

MÉDAILLES & JETONS

FRANÇAIS

VENTE AUX ENCHÈRES PUBLIQUES

HÔTEL DES COMMISSAIRES-PRISEURS, 9, RUE DROUOT,

Salle n° 8, au 1er étage,

Le lundi 27 et le mardi 28 Février 1905

A 2 heures précises

EXPOSITION UNE HEURE AVANT LA VENTE

EXPOSITION PARTICULIÈRE LE SAMEDI 25 FÉVRIER DE 2 à 5 HEURES
CHEZ L'EXPERT.

Commissaire-priseur :

Me Maurice DELESTRE

RUE SAINT-GEORGES, 5

Expert :

M. J. FLORANGE

QUAI MALAQUAIS, 21

PARIS

CONDITIONS DE LA VENTE

La vente sera faite au comptant.

Les acquéreurs payeront, en sus des adjudications, dix pour cent.

L'exposition mettant les acheteurs à même de juger de l'état des pièces, aucune réclamation ne sera admise aussitôt l'adjudication prononcée.

M. J. Florange se charge des commissions qui lui seront confiées aux conditions habituelles (5 0/0 sur la limite).

Il se réserve le droit de diviser ou de réunir les lots.

AVIS IMPORTANT

Nos catalogues de ventes publiques sont envoyés à toute personnes en manifestant le désir, mais le service régulier n'en sera assuré qu'à MM. les Amateurs qui nous feront parvenir leurs ordres directement. Nous prions donc tous ceux qui se servent d'intermédiaires de nous faire connaître leurs noms, sans quoi ils sont exposés à se voir supprimés de la liste d'adresses.

Il ne sera répondu aux demandes, relatives aux ventes aux enchères, qu'aux lettres accompagnées d'un timbre pour la réponse.

JETONS ET MÉDAILLES

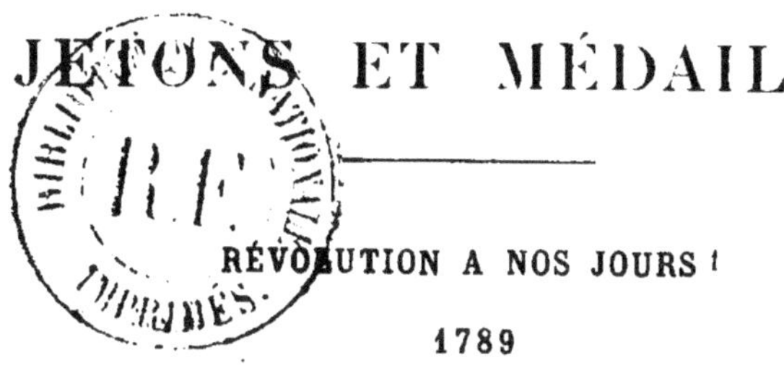

1789

1 Buste de Louis XVI à g. R'. Buste de Marie-Antoinette à g. (8 avers). Br. 42 mm. TB.

2 Prix de la Soc. royale d'agriculture décernée par l'assemblée provinciale de la Haute-Guyenne (88 var.). Arg. 38 mm. TB.

3 Écoles gratuites de dessin. 5 jetons variés. Cuiv. B.

4 Claveau, maire d'Angers. Jeton. Cuiv. TB.

5 Pitt (W.) et lord Thurlow. Br. 33 mm. TB.

6 Ouverture des États généraux à Versailles (4). Étain. 33 mm. TB.

7 — Autre médaille (14). Étain à bélière. 42 mm. TB.

8 Prise de la Bastille. Médaille uniface (22). Épreuve en étain. 80 mm. TB.

9 — Même médaille légèrement variée (23). Métal de cloche. 78 mm. TB.

10 — Autre médaille (30). Étain à bélière. 45 mm. TB.

11 — Même pièce sans bélière. TB.

12 — Décoration pour les combattants (34). Or. Losange avec anneau. TB.

13 Bailly, maire de Paris (37). Br. 42 mm. TB.

14 La Fayette, commandant de la garde nationale. Méd. à son buste à g. (40). Br. 42 mm. TB.

15 — Grand médaillon uniface à son buste (*Trésor*, III, 1). Étain dans un cercle de cuivre. 100 mm. TB.

---

1. Les numéros entre parenthèses renvoient à l'ouvrage de Hennin, *Hist. numism. de la Révolution française*, Paris, 1826 ; au *Trésor de numismatique* ; à partir du Consulat à celui de Millin et Millingen. *Histoire métallique de Napoléon Ier* ; à Bramsen, *Médaillier Napoléon-le-Grand*, et à d'autres auteurs indiqués.

16 Élection de Paris (41). Br. 46 mm. TB.

17 Necker, ministre des finances. Son buste à g. (44). Br. 41 mm. FDC.

18 — Autre médaille à son buste vu presque de face (46). Br. uniface. 41 mm. FDC.

19 — Autre grande médaille à son buste vu de face (48). Étain. 78 mm. TB.

20 Assemblée nationale (59). Br. 63 mm. TB.

21 Arrivée du roi à Paris. Médaille uniface (61). Métal de cloche. 78 mm. TB.

22 — Autre médaille (63). Br. 53 mm. TB.

23 Abandon de tous les privilèges (Palloy). Fer dans un cercle. 36 mm. TB.

24 Grand médaillon et huit médailles variées de Palloy (72, etc.). Métal de cloche et fer. TB.

25 Le duc d'Orléans, soutien de la France (98). Étain. 45 mm. TB.

26 Compagnie des grenadiers volontaires du 3e bataillon de la 6e division de la garde nationale. Buste de La Fayette et les armes de la ville de Paris. Jeton de Dumarest (103). Br. octogone. TB.

1790

27 Hommage de la garde nationale de Versailles (124). Br. 53 mm. FDC.

28 Fédération martiale de Lyon (129 et 133). Cuiv. et étain. — 4 p. dont 3 à bélière. TB.

29 Confédération à Lille (137 et 138). Br. — 2 p. TB.

30 Fédération de Versailles (139). Br. doré à bélière. TB.

31 Confédération des Français à Paris (140, 142 et 186). — 3 p. Br. et étain. TB.

32 Pacte fédératif. Insigne ovale (165). Arg. à bélière avec anneau. TB.

33 — Même insigne. Br. doré. FDC.

34 Salut et régénération par l'Assemblée nationale (176). Étain. 78 mm. TB.

35 Projet d'établir une place sur le terrain de la Bastille (187). Étain. 78 mm. B.

36 District des Cordeliers, Danton (189). Jeton en cuivre. B.

37 Fonderies de Maromme. Jeton en cuivre. B.

38 Commerce de Bordeaux. Jeton en cuivre. TB.

39 Districts de Gray et de Metz. « La Loi et le Roi. » 2 boutons en cuivre. TB.

40 District de Pont-à-Mousson. « La Nation, la Loi, le Roi. » Bouton en cuivre. TB.

41 Kervegan, maire de Nantes. Jeton, 1790. Arg. FDC.

1791

42 Société des inventions et découvertes (204 et 205). Br. 2 var. TB.

43 Mirabeau. Épreuve uniface de Liénard (209). Étain bronzé. TB.

44 Confédération des gardes nationaux de l'Orne à Alençon (211). Br. 34 mm. TB.

45 Traité de Pilnitz. Jolie médaille aux bustes accolés de Léopold II, du roi de Prusse et de l'Électeur de Saxe. R̃. La Saxe assise à g. montrant le château de Pilnitz situé sur les bords de l'Elbe (215). Arg. 52 mm. FDC.

46 — Autre variété (la Saxe assise à dr.) (216). Arg. 50 mm. FDC.

47 Jetons variés au buste de Louis XVI (233, 235 var., 238, etc.). Laiton. — 16 p. TB.

48 Chiffonne d'Arles (282 var.). Br. coulé. 49 mm. B.

49 Insigne gravé par Trébuchet (284). Cuiv. Reproduction. TB.

50 Essai en métal de cloche. Prix de peinture et de sculpture (287). TB.

51 — Deux écussons, l'un de France, l'autre au faisceau, séparés par une épée posée en pal et surmontée du bonnet de la Liberté. R̃. Inscription dans une couronne de chêne (288). B. Rare.

52 — Les lettres S V séparées par une épée posée en pal et

— 4 —

surmontée du bonnet de la Liberté. R'. L'écusson de
France (294). B. Rare.

53 Paroisse Saint-Gratien à Enghien, diocèse de Versailles.
Jeton (*Trésor*, XXX, 11 var.). Cuiv. TB.

54 Médaille de Paloy. « Le patriotisme affermit la Liberté
sur l'airain. » Fer entouré d'un cercle de cuivre. TB.

55 Voltaire. Épreuve uniface au buste, de Dumarest. Étain.
36 mm. B.

55 *bis*. Billets d'Abbeville (10 sous), de Doudeville (3 et
4 livres), d'Orléans (20 sous) et de Pont-du-Château
(10 sous). — 5 p. B.

1792

56 Décret de l'Assemblée nationale. Médaille de Paloy
(*Trésor*, XXXIV, 2 var.). Fer entouré d'un cercle de
cuivre. TB.

57 Insigne des membres de l'Assemblée nationale. Livre
ouvert sur une gloire (359). Cuivre doré et émaillé.
TB.

58 Autre insigne en forme du livre précédent (*Trésor*, XLII,
15 var.). Cuiv. avec anneau. B.

59 Prise des Tuileries (363 et 364). Br. — 2 p. 56 et 42 mm.
TB.

60 Princesse de Lamballe. « Le danger double mon courage
2. 7bre 1792. » Petite médaille. Plomb. 11 mm. B.

61 La Rochefoucauld, député de Paris, assassiné sur la route
de Rouen. Clichés de Liénard (367 et 369). Cuivre
argenté. 46 et 54 mm. — 2 p. TB.

62 Reprise de la ville de Francfort par les troupes allemandes
(378). Laiton. B.

63 École nationale de dessin (395 et 396). Cuiv. — 2 p.
FDC.

64 Lycée des arts. Jeton (397). Arg. et cuiv. — 2 p. TB.

65 — Médaille posthume (576 var.). Br. 41 mm. FDC.

66 Commerce de Bordeaux? Jeton (388), etc. Arg. et cuiv.
— 6 p. TB.

1793

67 Mort de Lepelletier de St.-Fargeau. Cliché de Liénard (462). Cuiv. jaune. 49 mm. FDC.

68 — Autre variété. Cuiv. jaune. 52 mm. B.

69 — Son buste ; au-dessous la mention : Appartenant à Montagny (*Trésor*, XLII. n° 8). Br. coulé. 58 mm. TB.

70 — Honneurs funèbres rendus par la Convention nationale (*Trésor*. XLII, 7). Étain. 56 mm. TB.

71 La dernière entrevue du roi et de sa famille. Médaillle de Mainwaring (464). Étain. 38 mm. FDC.

72 Mort de Louis XVI. Médaille allemande (Reich?) (468). Étain avec poinçon de cuivre. 47 mm. B.

73 — Médaille de Loos (469). Arg. 30 mm. TB.

74 —   —   — (470). Arg. 30 mm. FDC.

75 —   —   — '(470 var.). Arg. 30 mm. B.

76 —   —   — (471). Arg. 30 mm. TB.

77 — Médaille de Stierle (473). Arg. 34 mm. FDC.

78 — Petite médaille allemande. Tête du roi et l'Hydre (475). Arg. 25 mm. TB.

79 — Médaille de Palloy (490). Fer dans un cercle de cuivre. 49 mm. B.

80 — Cliché de Liénard (492). Cuiv. doré. 45 mm. TB.

81 — Jeton anglais. TREE OF LIBERTY. Quatre bourgeois dansant en rond autour d'une tête placée au sommet d'une pique. R. identique à celui décrit dans le *Trésor*, pl. 45, fig. 7. Cuiv. TB.

82 — Jetons nurembergeois variés (483, etc.). Laiton. — 4 p. B.

83 Picot-Dampierre, tué par un boulet de canon. Cliché de Liénard (501). Cuiv. jaune. 49 mm. FDC.

84 Mort de Charlotte Corday. Médaille repoussée. Cuiv. argenté. 35 mm. TB.

85 Prise de Mayence par les Prussiens. Médaille de Krüger (521). Arg. 36 mm. FDC.

86 — Autre variété. Médaille de Loos (522). Arg. 37 mm. FDC.

87 Constitution adoptée (526). Br. 42 mm. FDC.

88 Mort de Marie-Antoinette. Médaille de Küchler (533). Br. 48 mm. TB.

89 — Médaille de Loos (536). Arg. 30 mm. TB.

90 — Médaille de Mainwaring (538). Étain. 33 mm. TB.

91 — Cliché de Liénard (541). Cuiv. argenté. 43 mm. TB.

92 Mort du roi et de la reine. Médaille allemande (544). Étain 33 mm. TB.

93 — Médaille de Reich (546). Étain avec poinçon de cuiv. 43 mm. B.

94 Robespierre jeune, représentant en mission au camp devant Toulon (549). Deux épreuves unifaces et ovales. Étain 54 × 46. B.

95 Mort de Philippe Égalité. Médaille de Loos (550). Arg. 30 mm. TB.

96 Bailly, maire de Paris. Sa mort. Cliché de Liénard (554). Étain bronzé. 43 mm. TB.

97 — Médaille de Montagny, 1821. Br. 41 mm. FDC.

98 Goldoni (Charles), auteur comique, lecteur et maître d'italien des filles du roi, né à Venise en 1707 et mort à Paris en 1793. Médaille de Mercandetti, 1808. Br. 68 mm. TB.

> La Convention lui supprima en 1792 la pension royale, mais l'Assemblée nationale la lui rendit le 7. I. 1793.

99 Saint-Hilaire (Geoffroy), anatomiste, né à Étampes. Méd. posthume rappelant la fondation de la ménagerie. Br. Coin de Dantzell. 50 mm. FDC.

100 Lescure (L.-M. de), célèbre chef vendéen. Sa mort. Médaille de la Galerie de la fidélité, 1824. Br. 52 mm. TB.

101 Un sans-culotte debout. R. L'Espérance coiffée du bonnet et assise à g. (564). Clichés montés sous verre dans deux cadres. TB.

102 Insigne des huissiers gravé par Maurisset (571). Br. ovale et doré. 38 × 32 mm. B.

103 Même pièce. Reproduction galvanoplastique. TB.

104 Autre variété. Cuiv. 43 × 36 mm. TB.

105 Lycée des Arts (576). Br. 41 mm. FDC.

106 Marat. Sa mort. Petit jeton. Cuiv. 21 mm. B.

107 Lepelletier, Marat, Châlier, Barra et Viala, morts victimes de la Liberté. Leurs bustes. Cliché ovale (582). Cuiv. repoussé. 41 ✕ 33 mm. TB.

108 Les mêmes. Autre variété (*Trésor de num.*, XLIX, 5). Br. uniface et ovale. 29 ✕ 25 mm. TB.

109 Cliché en cuivre doré rappelant les morts précédents. La Liberté deb. à g. Pièce ovale montée dans un encadrement à bélière. 45 ✕ 38 mm. TB.

110 Grand médaillon à la Liberté debout. Cliché monté dans un cercle de cuivre. B.

111 Essai de monnaie. La Liberté assise à g. ℟. Pique surmontée du bonnet et posée entre deux branches de feuillages (604). Cuiv. B.

112 Essais de monnaie divers. — 5 p. B.

1794

113 Lamoignon-Malesherbes. Sa mort. Buste à g. et inscription. Coin de Galle, 1819. Br. 41 mm. TB.

114 Le même. Sa mort. Buste à dr. et inscription. Coin de Petit, 1821. Br. 52 mm. FDC.
> La première de ces deux médailles porte 1793, comme date de sa mort.

115 Élisabeth de France. Sa mort. Coin de Loos (621). Arg. 30 mm. FDC.

116 Médaille posthume rappelant la mort du roi, de la reine et de Mme Élisabeth. Coin de Barre. Br. 41 mm. TB.

117 Victoire de Fleurus. Épreuve uniface (629). Étain. 75 mm. TB.

118 Beauharnais, général en chef de l'armée du Rhin. Sa mort (631). Deux clichés en bronze. 32 mm. FDC.

119 Robespierre et Cécile Renaud. Leurs bustes (636). Cliché en cuivre doré et monté dans un cercle de cuiv. 40 mm. TB.

120 Calendrier républicain. Coin de Maurisset (638). Br. doré. 51 mm. TB.

121 Louis-Charles et Marie-Thérèse-Charlotte de France.
Jeton de Loos (644). Arg. 31 mm. B.

121 *bis*. Même jeton. Br. FDC.

122 Perronet, directeur de l'école des ponts-et-chaussés.
Coin de Dubois. Br. 41 mm. TB.

123 Jeton satyrique anglais sur les événements troublés
(651). Cuiv. 2 var. TB.

1795

124 Barthélemy (l'abbé J.-J.), garde du cabinet des médailles,
auteur du *Voyage d'Anacharsis en Grèce*, né à Cassis
en Provence (663). Br. doré. 42 mm. FDC.

125 Chûte du parti de Robespierre. Médaille offerte aux
représentants par Palloy (669). 2 clichés réunis par un
cercle de cuivre. TB.

126 Autre variété, non décrite. Épreuve de l'avers. Étain.
55 mm. B.

127 Louis XVII. Sa mort. Médaille posthume par Tiolier.
Br. 41 mm. FDC.

128 — Sa mort. Médaille posthume de Depaulis et Jeuffroy.
Br. 50 mm. FDC.

129 — Sa mort. Jeton posthume. Cuiv. 32 mm. Tranche
cannelée. TB.

130 Conseil des Anciens. Représentants du peuple (680).
Arg. à bélière, 41 mm. TB.

131 Tribunaux civil et criminel du département de la Seine
(691). Br. doré à bélière. 46 mm. TB.

132 Société philotechnique. Médaille posthume d'Andrieu
rappelant sa fondation. Arg. 30 mm. TB.

1796

133 Bataille de Millesimo. Combat de Dego (733). Br. 43 mm.
FDC.

134 Passage du Pô. Bataille de Lodi (737). Br. Tranche inscrite. 43 mm. TB.

135 Bataille de Castiglione. Combat de Peschiera (742). Br.
43 mm. FDC.

136 Louis Huguenin. Petit jeton (746). Cuiv. B.

137 Colonie de Castorland ou Louisiane. Jeton (755). Br.
Refrappe. FDC.

138 Campagne d'Italie. Jetons et médaille variés (763, 764,
766 et 767). Cuiv. — 5 p. TB.

139 Première assemblée du peuple batave (Mill. 131). Arg.
36 mm. TB.

139 *bis*. Société de médecine de Paris (Mill. 195). Br.
29 mm. B. Rare.

140 Société médicale de Paris. Jeton posthume (827). Br.
octogone. TB.

140 *bis*. Société pharmaceutique de Paris. Jeton posthume de
Barre. Arg. octog. 30 mm. TB.

141 Raynal (G.-Th.), membre de l'Institut. Médaille posthume de Gayrard, 1825. Br. 41 mm. FDC.

1797

142 L'archiduc d'Autriche. Jeton à son buste (*Trésor*, 66, 8).
Cuiv. troué. B.

143 Capitulation de Mantoue. Médaille de Gatteaux (782).
Arg. 35 mm. TB.

144 — Même médaille. Br. FDC.

145 — Médaille de Lavy (783). Br. 43 mm. Tranche inscrite.
TB.

146 Passage du Tagliamento. Médaille de Lavy (786). Br.
43 mm. Tranche inscrite. FDC.

147 — Même médaille d'un coin varié. Br. 43 mm. Tranche
lisse. FDC.

148 La République ligurienne à Bonaparte et Faipoult. Méd.
de Vassallo (791). Br. 50 mm. FDC.

149 Fondation de la République cisalpine. Médaille de
Manfredini (792). Br. 63 mm. TB. Rare.

150 Prise du palais de Broletto. Médaille de Salwirch
(Mill. 381). Br. 63 mm. TB. Rare.

151 Prix de l'Académie de peinture. Médaille de Dumarest au buste de Nic. Poussin (796). Br. 56 mm. TB.

152 Campagne d'Italie. Jeton de Liénard (797). Br. 32 mm. Tranche cannelée TB. Rare.

153 La République française à ses défenseurs (809). Br. coulé et argenté, 72 mm. B.

154 Traité de Campo-Formio. Jeton (819). Cuiv. B.

155 Caisse d'escompte du commerce. Jeton octogone (822). Arg. TB.

156 Traité de Campo-Formio. Coin de Duvivier (811). Br. 56 mm. TB.

157 — Buste de Bonaparte à dr. ; dessous, la lettre H. R. Inscription au-dessus de deux branches de feuillages (818). Br. 40 mm. FDC. Copie.

158 — Jeton au buste du général Bonaparte à g., en uniforme avec épaulettes (835). Br. Tranche cannelée. FDC.

159 Hoche (général). Sa mort. Médaille posthume. Buste à g. et inscription rappelant ses exploits. Br. 50 et 41 mm. 2 var. TB.

160 Décoration au buste de l'empereur François II pour les vétérans des provinces autrichiennes qui ont combattu contre la France (839). Arg. à bélière. 39 mm. FDC.

161 Société phylotechnique. Jeton de Bernier (828). Cuiv. TB.

162 « Falmouth independent Volunteers. » Jeton anglais. Cuiv. B.

1798

163 Conseil des Anciens. Médaille de Gatteaux (845). Arg. 51 mm. TB.

164 — Même médaille. Br. FDC.

165 Conseil des Cinq-Cents. Médaille aux types précédents (846). Arg. 51 mm. TB.

166 — Même médaille. Br. FDC.

167 Conquête de la Basse-Égypte. Le Nil couché et les Pyramides (850). Arg. 33 mm. TB.

168 — Même médaille. Br. FDC.

169 Bataille des Pyramides. Médaille posthume de Bovy. Br. 41 mm. TB.

170 L'Égypte conquise (879). Br. 41 mm. TB.

171 Conquête de la Haute-Égypte. Buste d'Isis à g. R'. Crocodile attaché à un palmier (896). Arg. 35 mm. TB.

172 Campagne d'Égypte. Médaille de Barre, 1826. Éditions de la description de l'Égypte multipliées sur l'ordre de Louis XVIII. Étain 68 mm. TB.

173 Société des sciences et arts de Bordeaux. Jeton (863). Arg. et cuiv. — 2 p. TB.

174 Aux arts utiles. Médaille d'exposition (871). Br. 56 mm. FDC.

175 Traité de Rastadt. Buste de Bonaparte « Italicus » à g. R'. Inscription dans une couronne. Coins de Mainoni à Strasbourg (880). Br. 40 mm. FDC.

176 Victoires de l'archiduc d'Autriche. Son buste casqué à dr. R'. RHENI-PACATOR-ET-ISTRI. Coins de Guillemard. Arg. 42 mm. TB.

1799

177 Bonaparte débarque à Fréjus (921). Br. 33 mm. TB.

178 Conseils des Cinq-Cents. Représentants du peuple. Médaille ovale (886). Arg. 56 × 47 mm. TB.

179 Théâtre de la République et des Arts (913). Br. 31 mm. FDC.

180 Concert des amateurs, Jeton d'assiduité (*Trésor*, 73, 8 var). Arg. TB.

181 — Le même en cuivre. TB.

182 Conseil d'État. Médaille ovale de Duvivier au buste de Minerve (166. — Bramsen, 8). Br. 47 × 44 mm. TB.

183 Service du palais. Insigne (*Trésor*, 75, 12. — Bramsen 24). Métal de cloche. 38 mm. TB.

184 Marmontel. Sa mort. Médaille de Petit, 1820. Br. 41 mm. TB.

1800

185 Corps législatif. Plaquette à la Liberté debout (*Trésor de num.*, 76. 1. — Br. 26). Arg. octogone, 47 × 39 mm. TB.

186 — La même plaquette. Br. avec bélière et anneau. B.

187 Tribunat. Plaquette aux types précédents (*Trésor*, 76, 2. — Mill. 165. — Br. 27). Br. 47×38 mm. TB.

188 Banque de France. Jeton (Mill. 172 var. — Br. 29 var.). Arg. octogone. 2 var. TB.

189 Passage du Saint-Bernard. Médaille de Dubois (Mill. 23. — Br. 37). Br. 41 mm. FDC.

190 Bataille de Marengo. Médaille de Brenet et Auguste (Mill. 25. — Br. 38). Br. 50 mm. TB.

191 — La même médaille. Br. doré. TB.

192 — Épreuve d'Andrieu. Cliché monté dans un cadre en cuivre doré (*Trésor*, 77. 3. — Br. 40). Étain 60 mm. TB.

193 — Médaille de Lavy. Buste du premier consul à g. R'. Hercule relevant la République cisalpine (Mill. 24. — Br. 42). Arg. et br. 2 p. 52 mm. TB. et FDC.

194 — Mort de Desaix (Mill. 26. — Br. 44). Br. 50 mm. TB.

195 — Scudo représentant la France assise reconnaissant la République cisalpine (Mill. 148). FDC.

196 Entrée des Français à Munich. Épreuve de Gatteaux (*Trésor*, 78, 2. = Revers. — Br. 56). Étain uniface. 59 mm. TB.

197 Rétablissement de la place Bellecour. Médaille de Mercié (Mill. 32. — Br. 58). Br. 45 mm. TB.

198 — Autre variété. Médaille de Chavanne (Mill. 31. — Br. 59). Br. 43 mm. TB.

199 Colonne nationale sur la place Vendôme. Médaille de Duvivier (Mill. 30. — Br. 61). Br. 42 mm. TB.

200 — Médaille semblable à la précédente (Mill. 29. — Br. 63). Br. 56 mm. FDC.

201 Colonne du département de la Seine. Médaille de Gat-

teaux aux bustes accolés des trois consuls (Mill. 28.
— Br. 64). Br. 60 mm. TB.

202 Colonne du département de Seine-et-Marne à Châlons
(Mill. 37. — Br. 66). Br. 41 mm. TB.

203 Colonne du département du Rhône. Médaille de Mercié
(Mill. 33. — Br. 67). Br. 33 mm. TB.

204 Translation du corps de Turenne aux Invalides (Mill. 34.
Br. 71). Br. 50 mm. TB.

205 Attentat à la vie de Bonaparte. Médaille d'Auguste (Mill.
35. — Br. 76). Br. 50 mm. TB.

206 — Autre variété. Médaille de Manfredini (Mill. 36. —
Br. 77). Br. 59 mm. FDC.

207 Jeton allemand. Tête de Louis XVI et cheval galopant
(*Trésor*, 81, 9. — Br. 79). Laiton. 20 mm. TB.

208 Bonaparte élevé au premier consulat. Médaille de Liénard (Mill. 44 var. — Br. 83). Br. 32 mm. FDC.

209 Santé publique (*Trésor*, 79, 7. — Br. 91). Br. Refrappe.
51 mm. FDC.

210 Tribunal de première instance. Insigne ovale de Maurisset (*Trésor*, 81, 7. — Br. 99). Br. doré avec bélière et
anneau. 40 × 33 mm. TB.

211 — Autre variété (Br. 100). Br. doré. 40 × 33 mm. B.

212 Essai de Gengembre à la tête de Lavoisier. Coin d'Andrieu (Dew. XXVI, 11). Br. Tranche inscrite. TB.

213 Piccini (N.), compositeur de musique. Sa mort. Médaille
de Caqué, 1823. Br. 41 mm. TB.

214 Prix de l'Académie de Gênes. Médaille de Vassallo (Mill.
IV. 13 var.). Br. Copie. 62 mm. FDC.

1801

215 Paix de Lunéville. Épreuve de Duvivier p. l'avers
(*Trésor*, 82, 2. — Br. 105). Br. 56 mm. FDC.

216 — Médaille de Droz (Mill. 12. — Br. 106). Br. 55 mm.
TB.

217 — Médaille d'Andrieu. Buste de Bonaparte à dr. et la
Paix debout (Mill. 41. — Br. 107). Br. 42 mm. TB.

218 — Autre variété dans le rameau d'olivier (avers précédent. Revers suivant). Br. 42 mm. TB.

219 — Autre variété dans la disposition de la légende (Br. 108). Br. 42 mm. TB.

220 — Médaille de Hancock. Buste et inscription (*Trésor*, 82, 9. — Br. 115). Étain. 38 mm. B.

221 — Médaille allemande. Buste et Génie de la paix (Mill. 394. — Br. 119). Br. Copie. 40 mm. FDC.

222 Construction des trois ponts sur la Seine à Paris (Mill. 173. — Br. 145). Arg. octogone. 35 mm. TB.

223 — Même pièce en bronze. FDC.

224 Paix entre la France et la Russie (Mill. 397. — Br. 149). Br. 28 mm. TB. — Jeton au buste d'Alexandre Ier. Revers = n° 12 de la pl. 92 du *Trésor*. Laiton. B.

225 Le roi et la reine d'Étrurie à Paris (Mill. 133. — Br. 152). Arg. 34 mm. Tranche feuillue. FDC.

226 — Même pièce. Br. Tranche maclée. TB.

227 Construction du pont de Dourdan (Mill. 39. — Br. 155). Br. 42 mm. FDC.

228 L'abbé de l'Épée. Médaille de Duvivier. Buste et inscription (Mill. 183. — Br. 185). Br. 42 mm. TB.

229 Procédé de Droz. Bustes accolés du roi et de la reine d'Espagne (*Trésor*, 88, 11. — Br. 187). Br. 39 mm. Tranche inscrite. TB.

230 Essai de Gengembre au buste de Lavoisier (Mill. 186). Tranche inscrite. Br. 26 mm. TB.

231 Cimarosa (D.), compositeur de musique. Sa mort. Médaille posthume de Barre, 1818. Br. 41 mm. TB.

232 Lavater (J.-G.). Sa mort. Méd. de Lévêque, 1818. Br. 41 mm. TB.

1802

233 Consulte italienne à Lyon. Coin de Manfredini (Mill. 57. — Br. 189). Br. 55 mm. TB.

233 *bis*. — Coin de Mercié (Mill. 58. — Br. 192). Br. 48 mm. FDC.

234 — Coin de George (Mill. 59. — Br. 193). Br. doré. 44 mm. B.

235 Paix d'Amiens. Bonaparte en Mars debout offrant la branche d'olivier à l'Angleterre couchée. Coin de Dumarest (Mill. 51. — Br. 195). Br. 49 mm. FDC.

236 — Le retour d'Astrée. Coin de Droz (Mill. 52. — Br. 199). Br. 40 mm. Tranche inscrite. FDC.

237 — Jeton allemand (*Trésor*, 92, 12. — Br. 212). Laiton. 21 mm. B.

238 Rétablissement du culte. Coin d'Andrieu (Mill. 61. — Br. 213). Br. 50 mm. FDC.

239 L'instruction publique organisée (Mill. 60. — Bre 214). Br. 40 mm. TB.

240 Sacco, professeur de médecine et de chirurgie, propagateur de la vaccine en Italie. Médaille de Taddini, offerte par ses amis de Bologne (Mill. 404. — Kluyskens. 1. — Br. 215). Br. 56 mm. FDC.

241 Promulgation du traité d'Amiens. Médaille aux bustes des trois cousuls. Coin de Jeuffroy (Mill. 55. — Br. 218). Arg. 65 mm. TB.

242 — Même médaille. Br. TB.

243 Canal de Briare. Jeton sans nom de graveur. La Seine, la Loire et le Loing couchés. R'. Corne d'abondance (Mill. 180 var. — Br. 232). Arg. octog. TB.

244 — Autre jeton varié dans le dessin de la corne d'abondance. Br. octog. TB.

245 Prix de la Société d'encouragement pour l'industrie (Mill. 190. — Br. 234). Br. 54 mm. TB.

246 Colonne Napoléon à Marseille. Coin de Poize (Mill. 63. — Br. 235). Br. 43 mm. B.

247 Police de Paris. Jeton de Gatteaux (Mill. 402. — Br. 243). Arg. 29 mm. Tranche cannelée. TB.

248 Chambre des avoués du tribunal de première instance (Mill. 177. — Br. 246). Arg. octog. TB.

249 Essai de Gengembre au buste du premier consul (Mill. 188). Tranche inscrite. Br. 26 mm. FDC.

249 *bis*. — Autre variété dans l'inscription de la tranche. Br. B.

250 Loge de la parfaite union à Douai. Jeton (*Trésor*, 93, 12. — Br. 255). Cuiv. TB.

1803

251 La ville de Lille au premier consul. Son buste à g. et inscription. Coin d'Auguste (Mill. *73. — Br. 263). Arg. 50 mm. TB.

252 Négociations pour la paix avant la rupture de la paix d'Amiens. Petite médaille (Mill. 67. — Br. 267). Br. 14 mm. 2 var. TB.

253 Monument de Jeanne d'Arc rétabli à Orléans. Buste de Bonaparte à dr. et statue de l'héroïne (Mill. 62. — Br. 272). Br. 55 mm. TB.

254 Quatrième année du consulat. Jeton ou essai (Mill. 406. — Br. 273). Arg. Module du franc. B.

255 — La Fortune conservatrice. Coin de Brenet (Mill. 72. — Br. 275). Arg. 33 mm. FDC.

256 Pont de la Durance. Buste du premier consul à dr. R'. Minerve debout en face de la Durance couchée (Mill. 65. — Br. 277). Br. 42 mm. FDC.

257 D. Leroy, membre de l'Institut. Son buste et colonne commémorative votée par les architectes, ses élèves (Mill. 185. — Br. 278). Br. 41 mm. FDC.

258 Visite de Bonaparte au Musée central des arts. Son buste à dr. R'. La Vénus de Médicis (Mill. 70. — Br. 280). Br. 40 mm. TB.

259 Buste de Bonaparte à dr. R'. Dans une couronne de feuillage: A.LA FIDÉLITÉ (Mill. 56 var. — Br. 281). Br. 39 mm. FDC.

259 *bis*. Chambre de commerce de Bordeaux. Jeton de Tiolier (*Trésor*, 96, 8. — Br. 286). Br. octog. TB.

260 Loge de la parfaite union à Douai. Jeton (*Trésor*, 96, 7. — Br. 290). Cuiv. TB.

261 La Harpe (J.-Fr. de). Sa mort. Médaille posthume de Petit, 1822. Br. 41 mm. FDC.

1804

262 Le code civil décrété. Statue de Napoléon et la Minerve de Velletri (Mill. 82. — Br. 291). Arg. 42 mm. TB.

263 — Même médaille. Br. FDC.

264 Le duc d'Enghien exécuté à Vincennes. Son buste à g.
R'. Son cheval à dr. devant une tente. Coin de Gatteaux (Br. 293). Br. 41 mm. TB.

265 Jeton posthume au buste de la Liberté. Cuiv. 32 mm.
FDC.

266 Chambre de commerce de Paris. Jeton d'Andrieu (Mill.
181. — Br. 305). Arg. octog. TB.

267 Légion d'honneur. Buste de l'empereur et la décoration
(Mill. 78. — Br. 310). Br. 40 mm.

268 Camp de Boulogne. L'empereur distribuant des croix de
la Légion d'honneur à des militaires. R'. Le plan du
camp (Mill. 80. — Br. 318). Br. 41 mm. FDC.

269 — Buste de l'empereur à dr. R'. Hercule tenant entre
ses jambes le léopard britannique (*Trésor*, II, 6).
Br. 41 mm. FDC. Rare.

270 — Buste de l'empereur à dr. R'. presque semblable au
précédent (Mill. 81. — Br. 320). Br. 41 mm. FDC.

271 Couronnement de Napoléon Ier. Jeton allemand (323 et
325). Laiton. — 2 p. TB.

272 — Médaille d'Andrieu (Mill. 83. — Br. 326). Arg. 40 mm.
TB.

273 — Même médaille en bronze. TB.

274 — Même médaille plus petite (Mill. 84. — Br. 327). Arg.
32 mm. TB.

275 — Même médaille plus petite (Mill. 85. — Br. 328). Arg.
26 mm. TB.

276 — Même médaille en bronze. TB.

277 — Petite médaille sans signature de graveur (*Trésor*, 3,
4. — Br. 329). Br. 14 mm. TB.

278 — Petite médaille avec signature du graveur (*Trésor*, 3,
4.ᵃ — Mill. 86. — Br. 330). Or. 13 mm. TB.

279 — Même médaille en argent. TB.

280 — Jetons allemands (Br. 366 à 368, 341, 342). Laiton. —
6 p. B.

281 Sacre de l'empereur à Paris (*Trésor*, 3, 8. — Br. 334).
Plomb. 41 mm. B.

2

282 — Médaille de Droz. Buste du pape Pie VII et vue de Notre-Dame (*Trésor*, 3, 13. — Br. 349). Arg. 41 mm. TB.

283 — Autre variété (Mill. 87. — Br. 350). Br. 41 mm. TB.

284 Drapeaux donnés à l'armée (*Trésor*, 4, 7. — Br. 357). Arg. 26 mm. TB.

285 — Même médaille en bronze. 2 var. TB.

286 Fêtes données à l'Hôtel de ville à l'occasion du couronnement. Médaille de Galle (Mill. 88. — Br. 358). Br. 67 mm. TB.

287 — Médaille de Brenet (Mill. 89. — Br. 359). Arg. 34 mm. FDC.

288 Musée Napoléon. Salle du Laocoon (*Trésor*, 5, 5. — Br. 367). Br. 35 mm. FDC.

289 Collège britannique. Coin de Gatteaux (Mill. 66. — Br. 375). Arg. 32 mm. TB.

290 Procédé de monnayage de Gengembre. Coin de Tiolier. Buste lauré de Napoléon Ier et lampe antique (*Trésor*, 2, 11. — Br. 406). Arg. et br. 15 mm. — 2 p. TB.

291 — Avers précédent. R . p. g. (*Trésor*, 2, 12. — Br. 407). Br. 15 mm. TB.

1805

292 Pie VII visite la Monnaie de Paris (Mill. 95. — Br. 409). Arg. 41 mm. TB.

293 — La même en bronze. FDC.

294 Pie VII visite l'Institution des sourds-muets. Buste de l'abbé de l'Épée et inscription (*Trésor*, 7, 2. — Br. 410). Br. 42 mm. FDC.

295 Couronnement de Napoléon à Milan. Coin de Manfredini (Mill. 97. — Br. 420). Arg. 42 mm. TB.

296 — Même pièce en bronze. FDC.

297 La Ligurie réunie à la France. Coin de Brenet (Mill. 101. — Br. 422). Br. 41 mm. FDC.

298 L'Ordre de la couronne de fer. Jeton de Droz (*Trésor*, 7, 10. — Br. 423). Br. octog. 34 mm. FDC.

299 Monument de Desaix au mont Saint-Bernard. Coin de Droz et Brenet. Tête laurée de Napoléon à g. et monument (Mill. 98. — Br. 126). Br. 26 mm. TB.

300 — Autre variété. Monument et inscription (Mill. 99. — Br. 127). Br. 26 mm. FDC.

301 Arrivée de Napoléon à Gênes. Coin de Vassallo (Mill. 100. — Br. 128). Br. 50 mm. TB.

302 Capitulation d'Ulm et de Memmingen (Mill. 105. — Br. 433). Br. 41 mm. TB.

303 Combat naval de Trafalgar, mort de Nelson. Buste de l'amiral anglais à g. et inscription. Étain. 20 mm. B.

304 Entrée des Français à Innsbruck (Mill. 108. — Br. 442). Br. 41 mm. TB.

305 Prise de Vienne et de Presbourg. Coin de Galle (*Trésor*, 9, 7. — Br. 443). Br. 40 mm. FDC.

306 Prise de Vienne. Coin de Manfredini (Mill. 107. — Br. 444). Br. 42 mm. FDC.

307 Bataille d'Austerlitz. Buste de Napoléon et foudre. Coin de Jaley (Mill. 109. — Br. 445). Br. Refrappe. 41 mm. FDC.

308 — Buste de l'empereur et bustes affrontés des empereurs de Russie et d'Autriche (Mill. 110. — Br. 446). Br. 40 mm. TB.

309 Entrevue à Urchitz (*Trésor*, 10, 1. — Br. 452). Br. 41 mm. FDC.

310 — Même pièce avec avers varié. Br. 41 mm. TB.

311 Députation des maires de Paris à Schœnbrunn. Coin de Galle et Brenet (Mill. 112. — Br. 453). Br. 68 mm. TB.

312 Paix de Presbourg. Buste de l'empereur et temple de Janus (*Trésor*, 10, 4. — Br. 455). Br. 41 mm. TB.

313 Venise rendue à l'Italie (*Trésor*, 10, 7. — Br. 460). Br. 41 mm. FDC.

314 Actions de grâces dans la cathédrale de Vienne (Mill. 114. — Br. 461). Br. 41 mm. FDC.

314 *bis*. Écoles de médecine (Mill. 102. — Br. 467). Br. 41 mm. FDC.

315 École des mines du Mont-Blanc à Pesey (Mill. 79. — Florange, *Essai sur les jetons et médailles des mines françaises*, n° 238. — Br. 471). Br. 40 mm. TB.

316 Salicetti (Christophe), protecteur des beaux-arts, né à Bastia. Médaille gravée et dédiée par Vassallo (*Trésor*, 12, 1. — Br. 473). Br. doré. 47 mm. FDC.

316 *bis*. Méd. de prix. Coin de Dumarest (*Trésor*, 8, 1. — Br. 477). Br. 49 mm. TB.

316 *ter*. Tribunal de première instance. Coin de Maurisset (*Trésor* 11, 3. — Br. 490). Br. doré 38 mm. TB.

317 Notaires de Lyon. Jeton de Galle (Mill. 437ᶜ. — Br. 497). Arg. TB.

317 *bis*. Société des amis du Commerce et des Arts de Lyon. Tête de la Minerve lyonnaise à g. R̶. Deux cornes d'abondance. Coin de Chavanne (Mill. 437ᴴ. — Br. 504). Arg. 31 mm. TB.

317 *ter*. — Même jeton en bronze. TB.

1806

318 L'Istrie conquise (Mill. 118 var. — Br. 512 var.). Br. 41 mm. TB.

319 La Dalmatie conquise (*Trésor*, 13, 2. — Br. 513). Br. 41 mm. FDC.

320 Conquête de Naples (*Trésor*, 13, 5. — Br. 516). Br. 41 mm. FDC.

321 — Même pièce avec avers de Droz (Mill. 120). Br. 41 mm. TB.

322 Une Victoire vient déposer une couronne sur la tête d'un taureau. R̶. Quadrige romain à dr. Br. 35 mm. TB.

323 Le prince de Bavière visite la Monnaie de Paris (Mill. 210). Br. Tranche inscrite. 28 mm. TB.

324 Mariage du prince de Bade avec Stéphanie Napoléon (Mill. 122. — Br. 522). Br. 41 mm. TB.

325 — Même pièce avec avers d'Andrieu. Br. 41 mm. TB.

326 Salines de l'Est. Jeton au nom du duc de Gaëte (Florange, *Essai sur les jetons et méd. des mines franç.*, nº 183. — Br. 526). Arg. octog. TB.

327 Cambacérès, premier souverain, grand commandeur du suprême Conseil de la 33ᵉ loge en France. Jeton maçonnique à l'aigle à deux têtes couronnées, posé sur une épée (*Trésor*, 14, 3. — Br. 533). Br. 34 mm. TB.

328 Confédération du Rhin. Buste de Napoléon ; au-dessous : ANDRIEU F. et DENON DIR^T , en deux lignes. R̃. Les princes allemands prêtent serment (Mill. 201 var. — Br. 534 var.). Br. 41 mm. FDC.

329 Bataille d'Iéna. Coin de Manfredini (Mill. 204. — Br. 539). Br. 41 mm. FDC.

330 Occupation d'Hambourg (Mill. 208. — Br. 549). Br. 41 mm. FDC.

331 Alliance avec la Saxe (Mill. 207. — Br. 551). 41 mm. FDC.

332 Souverainetés données. Buste signé par Andrieu seul (Mill. 121 var. — Br. 553 var.). Br. 41 mm. TB.

333 Arc de triomphe de la place du Carrousel (Mill. 124. — Br. 557). Br. 41 mm. FDC.

334 Prix de l'Académie des Beaux-arts du royaume d'Italie (Mill. 196. — Br. 587). Br. 61 mm. FDC.

335 Prix de l'Académie de Vérone. Buste du poète Catulle en face des bustes accolés du médecin Fracastor et de l'historien Maffei. R̃. Minerve récompensant un enfant (Mill. 440. — Br. 589). Br. Copie. 44 mm. FDC.

336 Asile des pauvres de Gênes. Coin de Vassallo (Mill. 439. — Br. 599). Br. 40 mm. FDC.

337 Société de pharmacie de Lyon. Buste lauré de Napoléon à dr. R̃. Statue de Minerve offrant une coupe au serpent d'Esculape enlacé autour d'un arbuste. Jeton de Mercié (*Trésor*, 16, 3. — Br. 602) Arg. 31 mm. TB.

1807

338 L'armée française sur la Vistule (Mill. 211. — Br. 620). Br. 41 mm. FDC.

339 Cambacérès, grand maître de la loge écossaise de France. Médaille de Jaley (Mill. 375. — Br. 629). Br. 42 mm. TB.

340 Napoléon à Osterode (Mill. 213. — Br. 631). Br. 41 mm. FDC.

341 Bataille de Friedland. Revers de Galle (Mill. 215. — Br. 632). Br. 40 mm. FDC.

342 — Autre variété. Avers de Droz. Revers de Brenet (Mill. 216 var. — Br. 633 var.). Br. 41 mm. TB.

343 — Même pièce avec avers du nº 328). Br. 41 mm. FDC.

344 Campagnes de 1806 et 1807. Berlin, Varsovie et Koenigsberg. Sur la tranche du cou de Napoléon, le nom d'Andrieu ; au-dessous, celui de Denon (Mill. 217 var. — Br. 634 var.). Br. 40 mm. TB.

345 Conquête de la Silésie (Mill. 218. — Br. 635). Br. 41 mm. TB.

346 — Même pièce avec l'avers du nº 328. Br. 41 mm. TB.

347 Érection du duché de Varsovie. Avers du nº 332 (Mill. 223 var. — Br. 653 var.). Br. 41 mm. FDC.

348 Mariage de Jérôme Napoléon avec la princesse de Wurtemberg (Mill. 225. — Br. 662). Br. 41 mm. FDC.

349 Mort du ministre Portalis, né dans le Var. Son buste à g. Cliché de Liénard (*Trésor*, 21, 12. — Br. 667). Cuiv. doré. 45 mm. FDC.

350 Le roi et la reine de Westphalie à la Monnaie de Paris (Mill. 442. — Br. 671). Br. 40 mm. FDC.

351 Victoires pendant l'année. Buste de l'empereur et l'aigle couronné par la Victoire (Mill. 230. — Br. 674). Arg. 41 mm. FDC.

352 — Même pièce. Br. 41 mm. TB.

353 Spalato au général Marmont. Plan du port et la Voierie à g. (Mill. 644. — Br. 687). Br. 42 mm. TB.

354 Cardinal Maury, grand aumônier du roi de Westphalie. Cliché de Liénard (*Trésor*, 24, 7. — Br. 693) Cuiv. 45 mm. B.

354 *bis*. Chambre de commerce de Bordeaux. Jeton de Gatteaux (Mill. 306. — Br. 705). Arg. octog. 32 mm. TB.

355 Pie VII. Médaille de Mercandetti. Arg. 40 mm. FDC.

356 Le même. Médaille uniface de Mercandetti. Fonte de fer. 64 mm. B.

1808

357 Congrès d'Erfurt. Vue de la ville et inscription (Mill. 232. — Br. 745). Br. Copie. 42 mm. FDC.

358 L'empereur Alexandre de Russie. Cliché de Heurthaux (*Trésor*, 27, 1. — Br. 746). Étain. 42 mm. TB.

359 — Autre variété. Cliché de Liénard (Br. 749). Étain. 45 mm. TB.

360 — Médaille de Brenet. R'. Buste de Pierre Ier (coin de Duvivier). Br. 59 mm. TB.

361 Bataille de Somma-Sierra et abolition de l'inquisition. Avers et revers de Brenet (Mill. 235 var. — Br. 756 var.). Br. 41 mm. FDC.

362 Académie des Beaux-Arts de Rome (Mill. 236. — Br. 808). Br. 42 mm. — Épreuve du revers. Br. doré. 2 p. FDC.

363 Pièce d'essai frappée en virole pleine par le procédé de Salneuve sous les balanciers destinés aux monnaies de S. M. le roi de Hollande (Nahuys VII, 51). Br. 38 mm. TB.

364 La reine de Hollande, Hortense. Petite médaille à son buste et au chevalet (*Trésor*, 28, 5. — Br. 767). Arg. Refrappe. 23 mm. TB.

365 — Même pièce. Br. FDC.

366 La princesse Pauline visite la Monnaie de Paris (*Trésor*, 28, 2. — Br. 771). Br. 23 mm. FDC.

367 La reine Caroline. Son buste et le taureau de Naples (*Trésor*, 28, 3. — Br. 772). Br. 23 mm. FDC.

368 La même visite la Monnaie de Paris (*Trésor*, 28, 4. — Br. 773). Br. Refrappe. 23 mm. FDC.

369 Vivant Denon. Son buste à g. R'. Deux figures égyptiennes (Mill. 296. — Br. 797). Br. 19 mm. FDC.

370 — Avers précédent. R'. Inscription (Mill. 297. — Br. 800). Étain bronzé. 17 mm. TB.

371 Avoués de Villefranche. Cartouche aux armes de la ville.
R'. La France et la Justice debout à côté d'un obélisque
(Mill. 301. — Br. 815). Br. 32 mm. B.

372 Société médico-pratique (*Trésor*, 30, 2. — Br. 820). Br.
28 mm. FDC.

373 Légion d'honneur. Croix de chevalier. 3ᵉ modèle. Buste
lauré de l'emp. à dr. R'. Aigle de face, la tête tournée
à g. La croix, dont les pointes sont sans boules, est surmontée de la couronne impériale (Rigault, p. 9, fig. 3).
Avec ruban et avec brevet de chevalier de l'Empire
pour L. Moris', colonel de la garde d'honneur de
Strasbourg, 1811. Parch. in-fol. avec armoiries en
couleur et signatures de Napoléon, Cambacérès,
Régnier et Laplace, 1811. TB. et très rare.

1809

374 Princesse Élisa Bonaparte, grande duchesse de Toscane.
Son buste. R'. Buste de son époux Félix Bacciochi,
prince de Lucques et Piombino. Coin de Santarelli
(Mill. 372. — Br. 838). Br. Copie. 41 mm. FDC.

375 La même. Cliché à son buste (*Trésor*, 31, 4. — Br. 839).
Br. 49 mm. TB.

376 Rupture de la paix de Presbourg, batailles d'Abensberg et
d'Eckmühl (Mill. 237. — Br. 844). Br. 41 mm. FDC.

377 Entrée de Napoléon à Vienne. Porte Saint-Martin de
Paris et porte de Carinthie de Vienne (Mill. 239. —
Br. 847). Br. 41 mm. FDC.

378 États romains réunis à la France. Buste de Napoléon. R'.
Le Tibre couché au pied du Capitole (Mill. 243. — Br.
848). Br. 41 mm. FDC.

379 — Bustes accolés de Rome et de Paris à g. Coin de Depaulis. R'. précédent (*Trésor*, 32, 3. — Br. 849 ann.). Br.
40 mm. TB.

380 Lannes, duc de Montebello. Sa mort. Médaille posthume
de Lefèvre (Br. 853). Br. 41 mm. TB.

381 Couronnement de Charles XIII, roi de Suède, le père
adoptif de Bernadotte. Jolie médaille. Arg. 58 mm. FDC.

382 Bataille d'Essling et passage du Danube (Mill. 240. —
Br. 839). Br. 41 mm. TB.

383 Bataille de Wagram. Coin de Manfredini (Mill. 248. —
Br. 862). Br. 42 mm. FDC.

384 Bataille de Talavera. Médaille au buste de Wellington.
R'. La Victoire debout entre le lion anglais et l'aigle
français. Coin de Donnadio et de Lafitte. Mudie, directeur (Br. 867). Br. 41 mm. TB.

385 Paix de Vienne. Buste de l'empereur à dr. R'. Le Génie
de la paix sous les traits de Napoléon (Mill. 249. — Br.
876). Br. 41 mm. FDC.

386 Le roi de Saxe à la Monnaie de Paris (Mill. 251). Br.
28 mm. TB.

387 Prud'hommes de Lyon. Jeton de Chavanne (Mill. 461. D.
— Br. 919). Étain. 32 mm. TB.

388 Chambre de commerce d'Anvers. Coin de Droz (Mill.
308. — Br. 920). Arg. 32 mm. FDC.

388 *bis*. Cloître Notre-Dame. Une voie d'eau clarifiée et
dépurée (*Trésor*, 36, 12. — Br. 926). Cuiv. 23 mm. TB.

389 Chapitre de Herodom. Introduction du système Herodom
en France. Médaille maçonnique de Jaley (*Trésor*, 37,
3. — Br. 932). Br. 32 mm. TB.

390 Décoration militaire pour le royaume de Westphalie.
Essai en bronze (Heyden 882. — Br. 904). Br. 27 mm.
TB.

1810

391 Le roi et la reine de Bavière à la Monnaie de Paris.
Médaille d'Andrieu (Mill. 253). Br. 41 mm. TB.

392 — Autre variété. Coin de Tiolier (Mill. 254). Br. Tranche
inscrite. 28 mm. TB.

393 Mariage de Napoléon Ier à Vienne. Jeton (Mill. 263).
Arg. 28 mm. TB.

394 Arrivée de Marie-Louise à Strasbourg. Jeton de Courtot
(Mill. 255). Arg. 32 mm. TB.

395 — Même jeton varié dans le dessin. Br. 32 mm. TB.

396 Médaille à la cathédrale de Strasbourg. Étain. 55 mm. B.

397 Mariage de Napoléon avec Marie-Louise. Bustes accolés.

Avers d'Andrieu. Revers de Jouannin (Mill. 256 var.). Arg. 41 mm.

398 — Même pièce et autre variété (Mill. 256 var. et 256) Br. 41 mm. — 2 p. TB.

399 — Même médaille plus petite. Avers d'Andrieu. Revers de Brenet (*Trésor*, 39, 4). Arg. 32 mm. TB.

400 — Même pièce. Br. 32 mm. FDC.

401 — Même pièce. Avers de Galle. Revers de Droz (*Trésor*, 39, 5). Br. 27 mm. FDC.

402 — Même pièce. Avers d'Andrieu. Revers de Galle (*Trésor*, 39, 6). Or. 15 mm. TB.

403 — Même pièce. Br. 15 mm. FDC.

404 — — sans nom de graveur au revers. Arg. et br. — 2 p. 14 mm. TB.

405 — Même pièce avec le buste seul de Napoléon. Arg. 14 mm. TB.

406 — Même pièce. Avers semblable à celui du n° 401. R'. Amour portant un foudre (*Trésor*, 39, 8, revers). Arg. 15 mm. TB.

407 Napoléon Ier. Son buste lauré à g. Cliché de Galle (*Trésor*, 41, 5). Cuiv. doré, monté dans un cercle. 73 mm. TB.

407 *bis*. Grand médaillon uniface à son buste lauré à g. Coin d'Andrieu (*Trésor*, 41, 4). Étain. 137 mm. TB.

408 Le grand duc de Wurtzbourg à la Monnaie de Paris (Mill. 264). Arg. 34 mm. TB.

409 Statue en l'honneur de Desaix (Mill. 265). Br. 41 mm. FDC.

410 Orphelines de la Légion d'honneur (Mill. 267). Br. 41 mm. TB.

411 Hommage à l'empereur (*Trésor*, 41, 2). Br. 25 mm. FDC.

412 Chambre des entrepreneurs de maçonnerie. Jeton posthume de Rogat. Br. octog. 33 mm. TB.

1811

413 Naissance du roi de Rome. Bustes accolés de l'empereur et de l'impératrice. R'. Buste de l'enfant. Coin d'Andrieu (*Trésor*, 49, 3). Br. 41 mm. TB.

414 — Petite médaille d'Andrieu et de Galle aux types précédents (Mill. 270*). Br. 15 mm. FDC.

415 — Petite médaille aux mêmes types, mais l'avers sans signature du graveur.

416 — Bustes de Rome et de Paris comme au n° 379, mais tournés à dr. R'. Buste de l'enfant (*Trésor*, 49, 8). Br. 18 mm. TB.

417 — Buste du roi de Rome à g. Coin de Galle. R'. La louve à dr. Coin de Tiolier. Br. 16 mm. TB.

418 — Médaille de Mercandetti. Rome assise recevant le nouveau-né des mains de Mars descendant de l'Olympe. R'. (inscription) ayant servi en 1810 comme prix pour l'encouragement des beaux-arts et manufactures de Rome (*Trésor*, 49, 10). Br. Copie. 66 mm. FDC.

419 Mines d'Anzin (*Trésor*, 52, 5ᴬ. — Florange, *Essai sur les jetons et médailles des mines françaises*, 18). Cuiv. 28 mm. TB.

420 Mines du Vieux-Condé. Jeton de mineur (Florange, *Essai sur les jetons et médailles des mines françaises*, n° 35). Métal de cloche. Flan elliptique. TB.

421 — Jeton d'hercheur (Florange, n° 26). Métal de cloche. Flan elliptique à deux côtés coupés parallèlement. TB.

422 — Jeton de mineur (*Trésor*, 52, 3. — Florange, n° 37). Br. Forme ronde. TB.

423 Mines de Clausthal. Visite du roi et de la reine de Westphalie (Mill. 358). Br. Copie. 44 mm. FDC.

424 Cloître Notre-Dame. 10 voies d'eau clarifiée et dépurée. (*Trésor*, 52, 11). Cuiv. 28 mm. TB.

1812

425 L'armée française sur le Borysthène (Mill. 277). Br. 41 mm. TB.

426 L'armée française sur le Wolga (Mill. 278). Br. 41 mm. TB.

427 Palais impérial. Jeton pour les tables de jeu (Mill. 298). Br. 31 mm. TB.

428 Suprême Conseil de l'École de la sagesse et du triple-
accord réunis à la vallée de Metz. (*Trésor*, 56, 5). Br.
21 mm. TB. *Rare*.

429 — Conseil du 30e degré de la loge susdite. Aigle biceps
sur la croix des Templiers. Insigne en cuivre repoussé
et argenté. TB.

430 Joachim, roi des Deux-Siciles. Son buste à g. (coin de
Jaley, 1811). R'. L'observatoire de Naples (Mill. 478).
Br. 58 mm. FDC.

431 Wellington. Son entrée à Madrid. Médaille de Wyon.
Fonte de fer. 43 mm. TB.

432 — Même événement. Jeton anglais. Br. 28 mm. TB.

433 La duchesse de Devonshire, née Élisabeth Hervey, pro-
tectrice des beaux-arts. Petite médaille italienne. Br.
18 mm. B.

434 Loge de l'ardente amitié, Ordre de Rouen (*Trésor*, 54,
14. — Zirkel, 660). Arg. octog. 33 mm. TB.

435 Dr Guillotin, président de l'Académie de médecine (Mill.
481). Br. jaune. 28 mm. TB.

1813

436 Monument sur le Mont-Cenis (Mill. 283). Br. 41 mm.
TB.

437 L'impératrice Marie-Louise à la Monnaie de Paris (Mill.
291). Arg. 22 mm. TB.

438 — La même pièce en bronze. FDC.

439 Bataille de Leipzig. Jeton de Steiner (*Trésor*, 57, 11).
Cuiv. argenté. 34 mm. TB.

440 L'Allemagne délivrée de la domination française. Bustes
accolés des empereurs d'Allemagne et de Russie et du
roi de Prusse à dr. R'. Inscription. Médaille de Lang.
Arg. 47 mm. TB.

441 Décoration pour les combattants hanovriens. Campagnes
de 1813 (Heyden, 233). Bronze de canon, à bélière.
34 mm. TB.

442 Dordrecht. Décoration pour 1813 (coin de Heus)
(Wahlen, p. 172). Arg. 29 mm. TB.

443 Delille (l'abbé), poète. Sa mort. Médaille de Petit, 1821.
Br. 41 mm. TB.

444 Grétry, musicien. Sa mort. Médaille de Gayrard, 1818.
Br. 41 mm. TB.

445 Lagrange, géomètre. Sa mort. Médaille de Donadio, 1818,
(*Trésor*, 57, 8). Br. 41 mm. TB.

446 Moreau, général. Sa mort. Médaille de Caunois, 1819.
Br. 41 mm. TB.

447 Société de l'Arquebuse de Château-Thierry (*Trésor*, 59,
6). Br. Refrappe. 27 mm. TB.

1814

448 Entrée des alliés à Paris. Jeton de Stettner (*Trésor*, 60,
11). Br. argenté. TB.

449 — L'empereur de Russie et le roi de Prusse à Paris.
Petite médaille ovale. Arg. avec anneau. B.

450 — Jeton anglais au buste de Louis XVIII (*Trésor*, 60,
13, revers). Cuiv. troué. TB.

451 — Jeton allemand au buste de Louis XVIII. Laiton. TB.

452 Malheurs de la guerre. Buste de Napoléon Ier à dr. R.
Un cosaque maltraitant deux femmes qui fuient épou-
vantées (*Trésor*, 60, 10). Br. 41 mm. FDC.

453 Départ de l'empereur pour l'ile d'Elbe. Jeton anglais
(*Trésor*, 61, 9). Cuiv. TB.

454 Le duc d'Angoulême à Bordeaux. Coin d'Andrieu. Br.
40 mm. TB.

455 Le comte d'Artois fait son entrée à Paris. Médaille de
Gayrard. Br. 41 mm. TB.

456 Louis XVIII débarque à Calais. Médaille d'Andrieu. Br.
51 mm. FDC.

457 Louis XVIII. Première entrée du roi à Paris. Médaille de
Galle. Br. 68 mm. TB.

458 — Anniversaire du 3 mai 1814. Coin de Dubois. Br.
50 mm. TB.

459 Le roi de Prusse à la Monnaie de Paris. Médaille de
Gayrard. Br. 40 mm. TB.

460 — Ange de paix (*Trésor*, 62, 4 *bis*). Br. 2 var. 37 et 27 mm. TB.

461 L'empereur d'Autriche à la Monnaie de Paris. Médaille de Gayrard. Br. 40 mm. TB.

462 — Ange de paix (*Trésor*, 62, 4). Arg. Tranche inscrite. 27 mm. TB.

463 — Même pièce. Br. Tranche lisse. TB.

464 L'empereur de Russie. Son séjour à Paris. Médaille d'Andrieu. Br. 40 mm. TB.

465 — Ange de paix (*Trésor*, 62, 6 et 3). Br. 2 var. 37 et 27 mm. TB.

466 Paix de Paris. Jeton anglais au buste du précédent. Cuiv. 25 mm. AB.

467 Hommage de la Monnaie de Limoges au duc d'Angoulême. Br. 33 mm. TB.

468 Les enfants d'Apollon à la mémoire de Grétry. Coin de Gatteaux. Br. 30 mm. TB.

469 Vaccinations municipales de Paris. Jeton de Depaulis. Arg. 32 mm. FDC.

470 Chambre de commerce d'Orléans. Coin d'Andrieu. Arg. 32 mm. TB.

471 Parny (E.), poète. Sa mort. Médaille de Caqué, 1822. Br. 41 mm. TB.

472 Congrès de Vienne. Médaille de Harnisch en l'honneur de la présence du roi de Danemark. Arg. 42 mm. TB.

473 Décoration du Lys. Fleur de lis surmontée d'une couronne royale. Arg. avec ruban blanc. — Autre variété. Médaillon de Louis XVIII au centre d'une fleur de lis surmontée d'une couronne royale. Arg. (Heyden, 156 et 158). 2 p. TB.

 Deux documents, dont l'un signé par le duc de Valmy, en août, 1814, autorisant le port de cette décoration à M. Wolbrett, procureur du roi à Saverne.

474 Décoration prussienne pour 1813-1814 (*Trésor*, 63, 11 — Heyden, 552). Br. de canon, à bélière. 29 mm. B.

475 Décoration décernée aux braves de la légion hanséatique. 1813-1814 (*Trésor*, 63, 10. — Wahlen, pl. 85, fig. 3. — Heyden 182). Arg. 36 mm. TB.

176 Siège de Naarden. Médaille militaire décernée par la
commission centrale d'Amsterdam. (Wahlen, p. 173).
Br. 38 mm. Pièce trouée. TB.

177 Genève annexée à la Suisse. Jolie méd. de Bovy-Bovet,
1821. Arg. 57 mm. TB.

1815 jusqu'à la translation des Cendres de Napoléon.

178 Campagne, 1814-1815. Tête de Napoléon à dr. R.
L'aigle debout à dr. Médaille minuscule. Br. 6 mm.
TB.

179 L'empereur débarque au golfe Juan (Mill. 283). Br.
27 mm. TB.

180 La Rochejacquelin (L. de), commandant des grenadiers
de la garde royale, tué en Vendée pendant les Cent-
Jours. Médaille de Desbœufs, 1821. Br. 52 mm. TB.

181 Victoire remportée près Tolentino, par Bianchi. Trophée
et inscription. Arg. 19 mm. TB.

182 Occupation d'Aquila par Nugent. Mêmes types. Arg.
19 mm. TB.

183 Occupation de Rome par le précédent. Mêmes types.
Arg. 19 mm. TB.

184 Berthier, prince de Wagram, maréchal de France. Sa
mort. Médaille de Caqué. Br. 41 mm. TB.

185 Waterloo. Buste de Napoléon Ier à dr. R. L'aigle attaqué
par quatre vautours. Médaille posthume de Rogat
(*Trésor*, 65, 8). Br. 41 mm. TB.

186 — Médaille pour la compagnie de chasseurs formée par
les étudiants d'Utrecht (Dirks, VIII, 53 C). Arg.
35 mm. TB.

187 Jérôme Napoléon, roi de Westphalie. Son buste à g.
(coin de Jaley, 1811). R. Inscription. Médaille posthume. Br. 62 mm. FDC.

188 Maréchal Ney, duc d'Elchingen. Sa mort. Cliché de
Liénard. Cuiv. repoussé. 46 mm. TB.

189 Louis XVIII rentre à Paris. Coin de Gayrard. Br. 50 mm.
TB.

490 Soc. d'agriculture. Méd. de Jeuffroy aux bustes accolés
de Louis XV, XVI et XVIII. Arg. 33 mm. TB.

491 Embarquement de Napoléon à Rochefort (*Trésor*, 67, 1).
Br. 27 mm. TB.

491 *bis*. Alexandre de Russie. Cliché de Desforges. Cuiv.
repoussé et doré, sous verre, avec encadrement. 51 mm.
TB.

492 Méd. de récompense. Cartouche aux armes royales. R.
« Donnée par le Roi de France en 1815 ». Coin de
Trébuchet (Heyden 176) Br. 32 mm. FDC.

493 Décoration de la Fidélité, 1814-1815. Étoile au buste du
roi et à la fleur de lis, surmontée d'une fleur de lis
attachée à une couronne royale munie d'un anneau.
Coin de Galle (Heyden 178 var.). Arg. émaillé, avec
ruban. TB.

494 — Même décoration miniature. Coin de Galle (Heyden
180 var.). Arg. émaillé. TB.

495 Médaille de la Fidélité. Coin d'Andrieu (Heyden 178ª).
Br. 41 mm. TB.

496 Essai de décoration. Buste du roi à g. R. fidélité-1815,
entre deux branches de feuillages. Coin de Trébuchet.
Br. ovale 26 × 23 mm. 2 var. TB.

497 Décoration militaire, 1808-1815, fondée en 1841, par
Paul-Fréd. de Mecklembourg-Schwerin (Heyden 120).
Br. de canon, à bélière et ruban. 29 mm. TB.

498 Croix militaire néerlandaise, 1813-1815 (Dirks IX, 64).
Arg. à bélière. TB.

499 Décoration prussienne, 1815 (Heyden 553). Br. de canon,
à bélière. B.

500 Victoires et conquêtes des Français de 1792 à 1815.
Médaille de Barre p. les souscripteurs de l'édition
Panckoucke, 1820. Br. 51 mm. TB.

501 Watt (J.), célèbre ingénieur, mécanicien anglais, corres-
pondant de l'Institut de France (1808), mort en 1819.
Jolie épreuve de Galle. Étain bronzé. 59 mm. FDC.

502 Masséna. Sa mort, 1817. Buste à dr. R. Dans le champ,
rivoli-zurich-gênes-essling. Coin de Jaley. Br. 63 mm.
FDC.

503 Le même. Médaille de Barre. Br. 41 mm. TB.

504 Marie-Louise d'Autriche, duchesse de Parme. Médaille
de Santarelli, 1821. Construction du pont de la Trébia.
Br. 41 mm. TB.

505 Mort de Napoléon, 1821 (*Trésor*, 68, 10). Br. 40 mm. TB.

506 Beauharnais (Eug.). Cliché de Morel, 1825. Cuivre
repoussé. 73 mm. TB.

507 Mac-Donald, duc de Tarente, maréchal de France, né à
Sedan. Médaille de Dieudonné, 1825. Br. 51 mm. TB.

508 Suchet, duc d'Albufera, né à Lyon, mort à Marseille.
Médaille de Peuvrier, 1826. Br. 50 mm. TB.

509 Napoléon II, duc de Reichstadt. Sa mort, 1832. Médaille
de Caqué, 1831 (*Trésor*, 69, 2). Br. 51 mm. FDC.

510 — La même médaille en deux épreuves. Br. FDC.

511 — Médaille de Borrel, 1840. Buste à dr. R'. Son épitaphe
à Vienne. Br. 51 mm. FDC.

512 Statue de Napoléon rétablie sur la colonne par Louis-
Philippe, 1833. Coin de Montagny (*Trésor*, 69, 11).
Br. 41 mm. TB.

513 — 5 petites médailles variées (*Trésor*, 69, fig., 5 var., 6,
8, etc.). Arg. et br. TB.

514 Souscription du docteur Antommarchi. Petite médaille
uniface au buste de l'empereur. Br. 22 mm. TB.

515 Napoléon Ier. Son buste en uniforme à dr. R'. Inscription.
Médaille de Caqué, 1834. Br. 52 mm. TB.

516 L'arc de triomphe, 1840. Six médailles variées. Arg. et
br. TB.

517 Translation des cendres de Napoléon Ier, 1840. Buste de
Louis-Philippe à dr. et inscription. Coin de Caqué.
Arg. 52 mm. FDC.

518 — La même médaille. Br. TB.

519 — Autre variété. Buste de Napoléon et l'aigle dans une
Gloire. Br. 52 mm. TB.

520 — Médailles de Bovy, Montagny, etc. Br. — 10 p. TB.

521 — Médailles de Barre, Borrel, Caunois, Félix et Lachère.

522 — Médailles de Barre et de Rogat. Buste de l'empereur et
la frégate *Belle-Poule*. Br. 2 var. TB.

523 Statue de Napoléon à Auxonne, Boulogne et Toulouse.
   7 petits jetons. Cuiv. et étain. TB.
524 Bertrand, ami de Napoléon. Sa mort en 1844. 5 petits
   jetons variés. Cuiv. et étain. TB.
525 Médailles variées. Br. et cuiv. — 12 p.

Louis XVIII

526 Fin de la captivité de Madame, fille de Louis XVI (1795).
   Médaille de Galle. Br. 50 mm. TB.
527 Notaires de Lyon. Jeton de Tiolier. Arg. TB.
528 Le duc d'Angoulême préside le collège électoral de la
   Gironde, 1815. Br. 41 mm. FDC.
529 Loterie royale de France, sans date. Br. jaune. 54 mm. B.
530 Drouin de Rocheplatte, maire d'Orléans, 1816. Jeton
   octog. Br. 33 mm. TB.
531 Translation des cendres du duc d'Enghien dans la cha-
   pelle de Vincennes, 1816. Br. 51 mm. TB.
532 Loge écossaise de Jérusalem, de Paris, 1817. Br. 30 mm.
   TB.
533 Rétablissement de la statue de Henri IV, 1817. Arg. et
   br. 4 var. TB.
534 « Monsieur frère du roi » visite la Monnaie des
   Médailles, 1818. Arg. 50 mm. FDC.
535 Loge chapitrale des arts et de l'amitié de Paris, 1819.
   Coin de Coquardon. Br. doré. 35 mm. TB.
536 Pont de Libourne, 1820. Arg. et br. — 2 p. 50 mm.
   FDC. et TB.
537 Jeton au buste de Clémence Isaure, Toulouse, 1819.
   Arg. 36 mm. FDC.
538 Fondation du séminaire Saint-Sulpice, 1820. Br. 41 mm.
   TB.
539 Pont de Bordeaux, 1821. Br. 50 mm. TB.
540 Prix de l'école de Sorèze, 1816. Br. à bélière. 35 mm.
   TB.
541 Lille. Loge des amis réunis. Jeton au revers gravé en
   1819. Arg., monté dans une étoile (Zirkel, 721): TB.

542 Paris. Loge des cœurs unis et loge des disciples de saint
   Vincent de Paul, 1820. 3 jetons variés. Br. TB.

543 Peste de Barcelone, 1821. Br. 48 mm. TB.

544 Palaprat, médecin toulousain. Médaille maçonnique de
   Coquardon, 1821 (Zirkel, n° 481). Br. 29 mm. TB.

545 Société helvétique de bienfaisance à Paris, 1821. Coin
   de Desnoyers. Br. 31 mm. FDC.

546 Rétablissement de la statue de Louis XIV, 1822. Trois
   petites médailles variées. Arg. TB.

547 Michallon, ex-pensionnaire de l'Académie de Rome. Sa
   mort, 1822. Coin de Tiolier, 1823. Br. 51 mm. TB.

548 Prix décennaux, s. d. Buste du roi. R'. Minerve assise
   à g. Br. 68 mm. TB.

549 Méhul, compositeur de musique. Sa mort, 1822. Coin de
   Veyrat. Br. 41 mm. TB.

550 Chambre de commerce de Lille, s. d. Br. octog. 30 mm.
   FDC.

551 Chambre de commerce de La Rochelle, 1823. Avers de
   Tiolier. Revers de Sanier père. Br. 33 mm. FDC.

552 Libération de l'Espagne. 1823. Br. 51 mm. TB.

553 Le duc d'Angoulême, généralissime de l'armée française
   en Espagne, entre à Paris, 1823. Br. 51 mm. TB.

554 Cherubini, célèbre compositeur de musique, directeur du
   Conservatoire de Paris. Coin de Donadio, 1823. Br.
   41 mm. TB.

555 Le chev. Berton, de l'Institut de France, compositeur de
   musique. Méd. de Peuvrier, 1824. Br. 42 mm. FDC.

556 Visite du prince de Carignan à la Monnaie de Paris,
   1824. Br. 41 mm. TB.

557 Visite de Don Miguel à la Monnaie de Paris, 1824. Arg.
   41 mm. FDC..

558 Académie des sciences, lettres et arts de Rouen. Coin de
   Tiolier. Arg. et br. — 2 p. 28 mm. TB.

559 Hôtel des spectacles de Metz. Plaque ovale de concierge.
   72 × 60 mm. TB.

560 Légion d'honneur. Croix d'officier (Rigault, p. 127). Or.
   TB.

561 Talleyrand-Périgord (A.-A., card. de), député en 1789, gr.-aumônier de France, archevêque de Paris. Sa mort. Médaille (de Chardigny) offerte par Mgr de Quélen, son coadjuteur, 1821. Br. 50 mm. FDC.

562 Tiolier (P.-J.), célèbre graveur. Médaille à son buste gravée par son fils Nicolas-Pierre, 1823. Br. 41 mm. FDC.

563 Mort du roi, 1824. Br. 37 mm. TB.

Charles X

564 Avènement au trône, 1824. Br. 51 mm. TB.

565 Paroles du roi, 1824. Br. 51 mm. TB.

566 Comte de Tournon, pair de France, préfet du Rhône, 1824. Br. 51 mm. TB.

567 Fodor = Mainvielle (Josèphe), cantatrice. Son buste à g. R'. Inscription allemande et grecque. Coin de Boehm, Vienne, 1825. Br. 42 mm. FDC.

568 Le prince de Salerne et la duchesse de Berry à la Monnaie de Paris, 1825. Br. 37 mm. Tranche inscrite. TB.

569 Le prince de Salerne à la Monnaie de Paris, 1825. Br. 41 mm. TB.

570 Pose de la première pierre de la caserne du Trocadéro, 1826. Br. 51 mm. FDC.

571 Mines d'Anzin, 1826 (Florange. *Essais sur les jetons et médailles des mines françaises*, n° 24). Br. hexag. 38 mm. TB.

572 Chemin de fer de Saint-Étienne à Lyon, 1826. Arg. 36 mm. TB.

573 Talma, célèbre tragédien. Sa mort, 1826. Médaille de Caunois. Br. 42 mm. TB.

574 Rossini (G.), compositeur de musique. Méd. ni signée ni datée. Son buste à g. R'. Les titres de quelques-unes de ses œuvres : Otello, etc. Br. 41 mm. TB.

575 Charles X à Cambrai, à Douai et à Valenciennes, 1827. Arg. et br. 27 mm. — 4 p. TB.

576 Arquebuse de Château-Thierry, 1827. Arg. octog. TB.

577 Monument de Quiberon. Br. 51 mm. TB.

578 Les courtiers pour la soie à Lyon, 1827. Arg. octog. 32 mm. TB.

578 *bis*. Beethoven (L. van). Sa mort, 1827. Méd. de Gatteaux. Br. 50 mm. TB.

579 Le duc de Choiseul, pair de France, chef supérieur en France de l'ordre maçonnique, 1828. Br. et étain. 41 mm. — 2 p. TB.

579 *bis*. Gall, créateur de la physiologie du cerveau. Sa mort, 1828. Coin de Barre. Br. 16 mm. TB.

580 Statue de Louis XIII sur la Place royale, 1829. Br. 50 mm. TB.

581 Essai de monnaie présenté par Moreau à l'Administration générale des monnaies, s. d. Br. 37 mm. Tranche inscrite. TB.

582 Vatimesnil (H. de), ministre de l'instruction publique. Médaille offerte par les instituteurs primaires, lors de sa retraite en 1829. Br. 50 mm. TB.

583 Loge écossaise de l'olivier écossais, ordre du Hâvre, 1829. Br. 31 mm. B.

583 *bis*. Réunion des membres de l'Académie des Beaux-Arts de France à Rome, à Paris, 1829. Coin de Tiolier. Br. 41 mm. Trois pièces aux noms des artistes, Batton, Bibente et Panseron. TB.

584 Le roi et la reine des Deux-Siciles à la Monnaie de Paris, 1830. Br. 37 mm. Tranche inscrite. FDC.

Le duc de Berry et le comte de Chambord.

585 Mariage du duc de Berry, 1816. Petite médaille de Galle. Br. 15 mm. TB.

586 Le duc et la duchesse de Berry à la Monnaie de Paris, 1817. Arg. 37 mm. Tranche lisse. FDC.

587 — La même pièce. Br. Tranche inscrite. TB.

588 — Petite médaille au buste du roi. Arg. 26 mm. Tranche lisse. FDC.

589 Sa mort, 1820. Br. 57 mm. et arg. 9 et 14 mm. 3 p. TB.

590 Naissance du duc de Bordeaux, 1820. Coins d'Andrieu, de Depaulis et d'Henrionnet. Br. 3 var. 50 mm. TB.

591 — Épreuve uniface de Brenet. Étain. 50 mm. FDC.

592 — Coin de Gayrard. Br. 3 var. 50, 38 et 17 mm. TB.

593 — Médaille anonyme. Br. 29 mm. TB.

594 — Coin de Montagny. Arg. et br. 3 var. 22 et 21 mm. TB.

595 — Coin de Caqué. Arg. 3 var. 14, 13 et 10 mm. TB.

596 Baptême du duc de Bordeaux, 1821. Épreuve uniface de Brenet. Étain. 55 mm. FDC.

597 — Épreuves de Galle. Avers et revers. Étain. 50 mm. TB.

598 — Médaille de Barre. Br. 51 mm. TB.

599 — Médaille anonyme et populaire. Étain avec anneau. 35 mm. B.

600 — Petite médaille anonyme. Arg. 10 mm. TB.

601 — Plaquette aux noms des villes de France. Cuiv. repoussé. 77 mm. TB.

602 1828. La duchesse de Berry et le duc de Bordeaux. Coin de Dubois. Arg. 18 mm. TB.

603 — Les mêmes. Autre variété, non datée et non signée. Arg. à bélière. 12 mm. TB.

604 Le duc de Bordeaux à la Monnaie de Paris, 1828. Ses armes et inscription. Br. 37 mm. Tranche inscrite. TB.

605 Buste du prince à g. R'. pareil à l'avers précédent. Plomb bronzé. 37 mm. TB.

606 1830. Buste du prince à g. R'. Ancre ou colombe portant un rameau dans son bec. Arg., br. et étain. 4 var. 23 et 11 mm. TB.

607 1831. Franc, 1831, et demi-franc, 1833. 2 p. TB.

608 1832. Petite médaille uniface à son buste en uniforme à g. Cuiv. 16 mm. TB.

609 1833. L'anniversaire de sa naissance et 4 petites médailles var. à bélière de 1840 et 1842. Cuiv. — 4 p. 17 et 14 mm. TB.

610 1846. Son mariage. Br. 20 mm. TB.

611 1848. Médaille rébus (Saulcy, LX, fig. 5). Étain. 11 mm.
   TB.

612 1848. Médailles variées (Saulcy, pl. 31, fig. 2, 3; pl. 33,
   fig. 7, 11; pl. 55, fig. 6, etc.). Br. et étain. — 37 p.
   TB.

613 1848. Médaille satyrique tournant en ridicule l'esprit
   réactionnaire des Bordelais (Saulcy, pl. 30, fig. 8). Br.
   40 mm. FDC.

614 1848-1852. Médailles variées. Br. et étain (Liesville,
   nᵒˢ 20, 271, etc.). — 12 p. TB.

615 « Voilà la meilleure des Républiques. » Buste de la
   Liberté à g. R'. Dans une couronne : JUS DIVINUM SALUS
   POPULI. Boîte en cuivre renfermant neuf petites médailles en cuivre doré représentant le duc de Bordeaux
   et sa famille. 52 mm. TB.

616 1872. Médaille à son buste, signée VEYRAT (Anvers, A. Bri-
   chaut). Br. 49 mm. FDC.

617 — Les légitimistes du Nord de la France lui rendent
   visite à Anvers. Buste et inscription. Coin de Tasset.
   Arg. et br. 37 mm. — 2 p. FDC.

618 — Avers précédent. R'. Les trois fleurs de lis. Arg. et
   br. 37 mm. — 2 p. FDC.

619 1880. Mouvement légitimiste en France. Coin de Wur-
   den, Bruxelles. Br. 30 mm. FDC.

Révolution de 1830 et Louis-Philippe.

620 Journées de juillet. Médailles et insignes. Arg. et br. —
   6 p. TB.

621 — Médailles et insignes au nom de Lafayette. Arg. et br.
   — 6 p. TB.

622 Médaille de juillet donnée par le roi. Arg. à bélière.
   32 mm. (Wahlen, pl. 31, fig. 1. — Heyden 188). 2 var.
   FDC. et TB.

623 Serment du roi, 1830. Arg. 11 mm. TB.

624 Loge des amis de la Vérité, 1830. Jeton à 10 pans. Cuiv.
   TB.

625 Petite médaille au buste de la reine Marie-Amélie, 1830. Coin de Barre. Br. 18 mm. FDC.

626 Compagnie des bateaux à vapeur du Rhône, 1830. Jeton de Barre. Arg. octog. 35 mm. TB.

627 Le roi à la Monnaie de Rouen, 1831. Br. 37 mm. Tranche inscrite. FDC.

628 « A l'héroïque Pologne. » Les réfugiés polonais à Lyon. Coin de Barre, 1831. Br. 51 mm. FDC.

629 Prise de la citadelle d'Anvers, 1832. Coins de Gatteaux et de Bauchery. Br. 50 et 51 mm. 2 var. TB.

630 Inauguration du Musée des monnaies et médailles. Médaille de Caqué, au buste du comte de Sussy, président de la Commission des monnaies et médailles. Br. 68 mm. FDC.

631 La famille royale à la Monnaie de Paris, 1833. Coin de Barre. Br. 75 mm. FDC.

632 Société nationale de vaccine fondée en 1829. Buste de Louis-Philippe et couronne. Coin de Caqué. Br. 42 mm. TB.

633 Le roi et la reine Amélie, 1833. Coin de Montagny. Br. 41 mm. FDC.

634 Référendaires au sceau de France. Jeton de Caqué. Arg. octog. 31 mm. FDC.

635 Les électeurs et les citoyens patriotes du cinquième arrondissement de Paris à leur fidèle mandataire, 1834. Médaille de Rogat, au buste de Salverte, député. Br. 50 mm. FDC.

636 Conseil de la clémente Amitié, 1834. (Zirkel 728). Arg. 26 mm. TB.

637 Loge de la Constance éprouvée, ordre de Rouen, 1835. Jeton à 10 pans. (Zirkel 664). Cuiv. B.

638 Maréchal Mortier, duc de Trévise, tué en 1835, lors de l'attentat de Fieschi. Br. 51 mm. TB.

639 Érection de l'obélisque de Louqsor sur la place de la Concorde, 1836. Coins de Barre et de Montagny. Br. 51 mm. 2 var. TB.

639 *bis*. Rieussec, lieutenant-colonel de la 8me légion de la

garde nationale, fondateur du haras de Viroflay. Coin
de Borrel, 1836. Br. 51 mm. FDC.

640 Incendie de la cathédrale de Chartres. Delessert préfet,
1836. Coin de Barre, 1837. Br. 57 mm. TB.

641 Banque de Toulouse, 1838. Br. octog. TB.

642 Prise du château Saint-Jean d'Ulloa, 1838. Médaille de
Depaulis. Br. 75 mm. FDC.

643 Hospices civils de Paris, s. d. Arg. 35 mm. TB.

644 Clinique interne de la Charité de Paris. Médaille de
Caqué offerte au professeur Bouillaud (Kluyskens, p.
116). Br. 41 mm. FDC.

645 Conseil municipal de Lyon, 1838. Coin de Mouterde.
Arg. 31 mm. TB.

646 Occupation de l'Algérie, 1838. Épreuve de Galle. Br.
57 mm. FDC.

647 Petite médaille au buste de Marie de France, duchesse
de Wurtemberg, et de son frère le duc d'Orléans. Coin
de Petit. Br. 24 mm. TB.

648 Marie de France, duchesse de Wurtemberg. Sa mort.
1839. Coin de Petit. Arg. et br. 24 mm. — 2 p. TB.

649 5e légion, 1er bataillon des voltigeurs. Conseil de famille,
1839. Br. 35 mm. FDC.

650 Exposition des produits de l'industrie, 1839, et Société
d'encouragement. Br. 13 mm. — 2 p. TB.

651 Reboul de Nîmes, poète. Son buste à g. R'. Lyre. Coin
de Penin, 1839. Br. 46 mm. FDC.

652 Loge de l'Alliance fondée en 1840. Coins de Foux et de
Leblond. (Zirkel 715 et 716). Br. 35 et 30 mm. — 2 p.
FDC.

653 Conservation des monuments historiques. Coin de Barre,
1840. Br. 69 mm. FDC.

654 Colonne de juillet sur la place de la Bastille. Arg. 26 mm.
TB.

655 Congrès scientifique de France, Lyon, 1841. Coin de
Schmitt. Br. 49 mm. FDC.

656 Établissement d'écoles primaires dans toutes les com-
munes de France. Coin de Caqué, 1842. Br. 52 mm.
FDC.

657 L'armée au duc d'Orléans, 1842. Coin de Barre. Br. 71 mm. FDC.

658 Cathédrale de Paris. Vue et plan de l'église. Coin de Dubois, 1842. Br. 58 mm. FDC.

659 Grande médaille commémorative de la loi des chemins de fer, 1842. Coin de Bovy. Br. 113 mm. TB.

660 Hommage au roi par sa sœur Madame Adélaïde, 1843. Coin de Barre. Étain. 72 mm. FDC. *Rare.*

661 Exposition de 1844. Médaille de prix. Coin de Gayrard. Br. 37 mm. FDC.

662 Bibliothèque Sainte-Geneviève, 1844. Br. 69 mm. FDC.

663 Nouvel hôtel du Ministère des Affaires étrangères. 1845. Br. 68 mm. FDC.

664 Nouveaux bâtiments du Timbre et de l'Enregistrement, 1846. Br. 68 mm. TB.

665 Commission des courses de 1846 et 1847. Coin de Caqué. Br. 41 mm. TB.

666 Massacres de Galicie. Médaille de David d'Angers, 1846. Br. 40 mm. B.

667 Pariset, médecin en chef de la Salpêtrière, né dans les Vosges, mort en 1847. Médaille à son buste dédiée par ses amis (Kluyskens n° 2). Br. 36 mm. TB.

668 Conservatoire des arts et métiers, 1847. Coin de Bovy. Br. 68 mm. FDC.

669 Conseil des prud'hommes. Insigne en argent. FDC.

670 Société médicale du deuxième arrondissement de Paris. Jeton de Baduel, s. d. Br. octog. 32 mm. TB.

671 Académie des sciences, lettres et arts de Rome. Coin de Depaulis. Arg. 33 mm. TB.

672 Canal de Roanne. Armoiries de Roanne et de Genève. Coin de Bovy. Arg. octog. et br. 32 mm. — 2 p. TB.

673 Chambre de commerce de Toulouse. Jeton de Caqué. Br. octog. 31 mm. TB.

674 Propagation de la vaccine. Département de la Gironde. Médaille de Constant, graveur à Bordeaux. Br. 37 mm. FDC.

675 Fort-de-France. Dans une couronne de lauriers, en trois

lignes : FORT ROYAL-POLICE-MARTINIQUE. R'. Dans une couronne de chêne, en trois lignes : OBÉISSANCE ET FORCE A LA LOI. Br. 36 mm. FDC. Rare.

676 Légion d'honneur. Croix d'officier (Rigault, 6). 2 var. TB.

677 — Croix de chevalier. 2 var. TB.

677 *bis*. Essais à la charte, 1817. - - 4 p. dans une boîte. FDC.

République 1848-1852.

678 Assemblée nationale, 1848. Épreuve de Vivier. Étain uniface. 75 mm. TB.

679 Lot de médailles. Bronze et étain. TB.

680 Section des francs-juges. Étain et br. 53 et 36 mm. — 2 p. TB.

681 Chambre syndicale des entrepreneurs de peinture d'Orléans, 1848. Jeton octog. Étain. TB.

682 Chambre de commerce de Montpellier. Jeton de Dubois. Étain octog. B.

683 Médaille de la Légion d'honneur, 1848. Br. à bélière. 23 mm. TB.

684 Exposition nationale, 1849. Médaille de Bovy. Br. 57 mm. TB.

685 Louis Napoléon Bonaparte, président de la République. Médaille de Brasseux. Br. 65 mm. FDC.

686 — Société de secours mutuels. Le dix Décembre. Médaille de Caqué. Br. à bélière. 34 mm. TB.

687 — Installation du Sénat et du Corps législatif, 1852. Br. 52 mm. FDC.

688 Loge Bonaparte fondée en 1852. 2 jetons variés. Cuiv. TB.

689 Simony, évêque de Soissons et Laon, 1852. Coin de Vivier. Br. 38 mm. TB.

690 Prix de musique décerné à M. Panseron, compositeur distingué, 1852. Trois enfants nus assis sur un banc et prenant des notes ; devant eux, un enfant nu debout, battant la mesure avec le bras. Coin de Domard, 1815, R'. Couronne. Arg. 41 mm. FDC. *Rare*.

691 Légion d'honneur. Croix d'officier. Étoile sans couronn
    (Rigault, p. 16, fig. 7). Or émaillé. TB.
692 — Croix de chevalier. Étoile avec couronne. Arg
    émaillé. TB.
693 Médaille militaire avec ruban. TB.
694 Lot de petites médailles.

Napoléon III.

695 Rétablissement de l'empire, 1852. Médailles variées. B
    TB.
696 Son mariage, 1853. Médailles variées. Br. TB.
697 Société nationale de vaccine. Buste de l'empereur. Coi
    de Borrel, 1852. R'. identique à celui du n° 632. Br
    41 mm. TB.
698 Indépendance de l'empire ottoman et guerre de Crimée
    1853 — 54. Br. 4 p. FDC.
699 Médaille de Crimée, 1854. Arg. avec bélière. 36 mm
    — Même pièce avec ruban et cinq barrettes. —2 p. TB
700 Même pièce que le n° 699, mais plus petite. Arg. 18 mm. TB
701 Comptoir d'escompte de Mulhouse, 1854. Arg. octog
    23 mm. FDC.
702 Emprunt des 250 millions par souscription publique
    1854. Coin de Caqué. Br. 72 mm. FDC.
703 Rousseau, antiquaire, né à Angoulême en 1800. Médail'
    à son buste, 1854. Coin de Dubois. Br. 51 mm. TB
704 Saint-Eustache de Paris. Inauguration des grandes orgues
    1854. Jeton en argent. 31 mm. FDC.
705 Médaille militaire (Rigault, p. 22, fig. 11). Arg. avc
    ruban. TB.
706 Visite de Napoléon à Londres, Exposition universelle (
    prise de Sébastopol, 1855. Br. et étain. TB.
707 La reine Victoria à Paris, 1855. Coin de Gayrard. E
    55 mm. FDC.
708 Chemin de fer de Paris à la Méditerranée, 1855. Bus
    de l'empereur à g. Coin de Bovy. R'. Vue du pont s
    le Rhône à Lyon. Coin de Merley. Br. 78 mm. FDC

709 Cathédrale de Marseille inaugurée, 1855. Coin d'Oudiné. Br. 68 mm. FDC.

710 Commission des beaux-arts. Architecture, s. d. Coin d'Oudiné. Arg. 41 mm. FDC.

711 Direction générale des musées impériaux, s. d. Jury des beaux-arts. Jeton octog. Arg. TB.

712 Naissance et baptême du prince impérial, 1856. Six petites médailles. Arg. et cuiv. TB.

713 Palais du commerce à Lyon, 1856. Br. 69 mm. TB. mais avers poinçonné.

714 Bonaparte (Charles). Sa mort, 1857. Br. 50 mm. TB.

715 Médaille de Sainte-Hélène (1857). Cuiv. — 2 p. variées. TB.

716 Quête pour les pauvres du 2e arr. de Paris, 1858. Br. 41 mm. TB.

717 Campagne d'Italie, 1859. Tête nue de Napoléon à g. Décoration surmontée d'une couronne (Heyden 321). Arg. TB. et très rare.

718 — Tête laurée de Napoléon à g. Décoration avec anneau et ruban (Heyden 323). Arg. TB.

719 — Médaille de la valeur militaire de Sardaigne décernée au capitaine C. Welter, capitaine au 3me voltigeurs de la garde impériale (Heyden 329^b). Arg. avec ruban. TB.

720 — Guerre pour l'indépendance et l'unité de l'Italie. Tête de Victor Emmanuel à g. R̂. La Savoie debout. Arg. 31 mm. TB.

721 — Médailles diverses. Cuiv. et étain. TB.

722 Médaille d'honneur. Actes de dévouement, 1860 (Heyden 275). Arg. 27 mm. B.

723 Société des sauveteurs du Midi, Marseille, 1860. Insigne à bélière. Br. argenté. TB.

724 Exposition universelle, Metz 1861. Coin de Bouvet. Br. 46 mm. FDC.

725 Expédition de Chine, 1860. Médaille militaire fondée en 1861 (Heyden 330). Arg. avec ruban. TB.

726 Expédition du Mexique. Médaille militaire, 1863 (Heyden 331). Arg. TB.

727 Quête en faveur des pauvres du 3me arrondissement de Paris, 1863. Br. 42 mm. TB.

728 Le bureau de bienfaisance du 11me arrondissement de Paris, 1864 Médaille au buste de Montyon. Br. 41 mm. TB.

729 *L'Auxiliaire*, assurance des entrepreneurs lyonnais contre les accidents de construction (1863). Br. 34 mm. TB.

730 Bureau d'administration du lycée (1862). Coin de Depaulis. Arg. 35 mm. TB.

731 Église Notre-Dame de Paris. Épreuve uniface d'Oudiné, 1864. Étain. 72 mm. FDC.

731 *bis*. Amelot de Chaillou (Orléanais et Paris). Sous une couronne, les deux écussons d'Amelot et de Hallay-Coetquen posés sur une console ; au-dessous A. BESCHER F. R'. Dans le champ, en 5 lignes : E. L. AMELOT — VICOMTE DE CHAILLOU — A. E. R. DU HALLAY-COETQUEN — 1er MARS 1866 — MINUIT. Arg. et Br. 36 mm. 2 p. dans un bel écrin aux armes et à la devise (IGNEVS EST OLLIS VIGOR) de la famille Amelot.

732 Exposition universelle de 1867 à Paris. Br. 51 et 68 mm. 3 var. TB.

733 Croix de Mentana, 1867 (Heyden 346). Nickel avec ruban. TB.

734 Valenciennes. Jeton du tribunal de commerce. Coin de Delfaux. Étain octog. TB.

735 Médailles satyriques, 1870, etc. Arg. et cuiv. TB.

République.

736 Médailles diverses, 1870-71. Br. TB.

737 Actes de dévouement. Médaille de 2e classe, 1874 (Heyden 392). Arg. avec ruban. TB.

738 Caisse d'épargne de Beaugency. Coin de Borrel, 1874. Arg. octog. TB.

739 Chambre de commerce de Lille, s. d. Coin de Borrel. Arg. 37 mm.

740 Exposition universelle, 1878. Grande médaille d'Oudiné. Br. 85 mm. FDC.

711 — Concours de reproducteurs de l'espèce asine. Coin de Bovy. Br. 57 mm. FDC.

712 — Participation de la ville de Paris. Médaille au nom d'Oudiné. Coin de Dubois, 1880. Br. 50 mm. TB.

713 Médaille du Tonkin, 1885 (Heyden 161). Arg. TB.

711 Médaille de Madagascar, 1886 (Heyden 165). Arg. avec ruban. FDC.

715 Exposition universelle, 1889. Médaille de Levillain. Br. 75 mm. TB.

716 Sixième centenaire de la première alliance perpétuelle des confédérés, 1291-1891. Colonie suisse en France. Coin d'Alphée Dubois. Br. 68 mm. TB.

717 Médaille du Dahomey, 1892 (Heyden 469). Arg. avec ruban. FDC.

718 Gayot, professeur de l'École vétérinaire d'Alfort, mort à Brie-Comte-Robert vers 1890. Médaille de la Société centrale de médecine vétérinaire au buste de Bourgelat, fondateur des écoles vétérinaires. Coin de Pingret. Arg. 52 mm. TB.

719 Légion d'honneur. Croix de chevalier (Rigault, fig. 9). 2 var. Arg. émaillé. TB.

750 — Croix miniature. Arg. émaillé. TB.

751 Médaille militaire (Rigault, fig. 12). TB. avec ruban.

752 — Médaille miniature. TB.

753 Médailles diverses. Arg. et br. TB.

Supplément.

751 Médaille religieuse. Buste de saint Blaise, médecin à Sébaste (Arménie), puis évêque et martyr. Cuiv. ovale. 27 × 25 mm. TB.

755 — Saint Marcoul, abbé de Nanteuil, debout guérissant un malade. Cuiv. ovale à bélière. 22 × 19 mm. B.

756 — Translation du corps de saint Vincent de Paul, 1830. Br. ovale à bélière. 28 ×24 mm. TB.

757 Inauguration du chemin de fer « Prince Henri ». Ligne
   de la Sûre (Echternach, grand-duché de Luxembourg),
   1873. Br. Pièce trouée.

758 Rome. Le pape Léon XII visitant les malades. Arg.
   43 mm. TB.

759 Inauguration du pénitentiaire de Lima (Pérou), 1862.
   Coin d'Oudiné. Br. 68 mm. FDC.

760 Société philantropique de Bogota, 1843. Arg. 37 mm.
   TB.

761 Lagerhjelm (Pehr), compositeur de musique suédois.
   Médaille de Salmson. 1856. Br. 37 mm. TB.

762 Chemin de fer de Callao à La Oroya, 1870. Br. 50 mm.
   TB.

763 Bureau de la poste royale de Saint-Jean de Maurienne.
   Deux cachets variés aux armes de Savoie. xviiie siècle.
   Cuiv. B.

764 Ordre du Souvenir, 17 mars 1812. Deux mains jointes
   Cachet à douille. Cuiv. TB.

765 École royale et spéciale des langues orientales (Louis
   XVIII). Cachet ovale. Cuiv. TB.

766 Collection de boutons armoriés. Cuiv. TB.

767 Bade. Décoration militaire. 1839 (Heyden 68). Br. B.

768 Belgique. Ordre de Léopold. Grandeur officielle. Arg.
   émaillé avec ruban. TB.

769 — La même croix d'un modèle plus petit. Arg. émaillé.
   TB.

770 — Deux insignes dont l'un d'une société de tir à l'arc de
   Bruxelles. Cuiv. et arg. B.

771 Bulgarie. Indépendance, 1877-78. Coin de Palot. Br. à
   bélière. TB.

772 Deux-Siciles. Ordre de Saint-Georges de la Réunion.
   Croix en or émaillé avec anneau. 16 mm. TB.

773 Espagne. Ordre de Saint-Jean de Jérusalem. Or émaillé.
   Petit modèle. TB.

774 — Ordre militaire de Saint-Ferdinand. Cuiv. émaillé.
   Petit modèle. TB.

775 — Campagne du Maroc, 1850. Métal blanc. B.

776 Luxembourg (grand-duché). Médaille gravée par Jehotte.

Br. doré à bélière. 35 mm. — 2 p., l'une au nom de Differdange, l'autre à celui de Lorentzweiler. TB.

777 Pays-Bas, Gardes civiques de Rotterdam. 1787. Vermeil. 36 mm. TB.

778 — Médaille pour fidèles services (Wahlen, p. 173 var.). Br. B.

779 — Achem (Sumatra), 1874. Br. doré à bélière, avec ruban. 37 mm. TB.

780 — Club d'escrime des sous-officiers d'Amsterdam. Insigne en argent. TB.

781 Prusse. Guerre de 1866. Königzrätg (Heyden 575). Cuiv. avec ruban. B.

782 — Guerre de 1866. L'armée du Main (Heyden 576). Cuiv. à bélière. TB.

783 — Guerre de 1870-71. Croix avec ruban. Cuiv. TB.

784 Rome. Siège vacant, 1830. Médaille de Gennari. Arg. et br. 33 mm. — 2 p. TB. et B.

785 — Ordre du Saint-Sépulcre. Or émaillé. Petit modèle. TB.

786 — Ordre de Pie IX, 1847. Cuiv. émaillé avec ruban. TB.

787 — Décorations variées. Br. — 8 p. TB.

788 Russie. Médaille, 1853-56. Cuiv. à bélière. B.

789 Schleswig-Holstein, 1863 (Heyden 833). Br. Pièce martelée.

790 Lot de médailles en cuivre.

MACON, PROTAT FRÈRES, IMPRIMEURS